es 1374
edition suhrkamp
Neue Folge Band 374

Kolumnen sind in den Zeitungen und Zeitschriften der Ort, an dem bestimmte Personen ihre eigene Meinung zu den Ereignissen in der Welt kundtun. Wie kann dies für die Kolumnen Martin Walsers gelten – sie erschienen zwischen 1983 und 1985 in der *Weltwoche* –, wenn der Autor zu Beginn seiner Tätigkeit erklärt: »Ich habe keine eigene Meinung. Bei jeder meiner Meinungen weiß ich, woher ich sie habe. Natürlich, alle diese Meinungen zusammen ergeben dann ein Gemisch, das ich, wenn ich nicht genauer hinschaue, für meine Meinung halte«? Sicherlich heißt dies nicht, daß sich der Zeitgenosse Martin Walser mit seiner Kritik zurückhält – in den Kolumnen wird seine alles andere als positive Bewertung der großen (amerikanischen und bundesrepublikanischen) und kleinen Politik deutlich; dabei ist diese Kritik direkt, häufig jedoch auch vermittelt, etwa in der »Propaganda für ein Laster«, den Neid. Nur: worauf beruft sich der Schriftsteller Walser bei seinen Stellungnahmen, welches ist sein Beurteilungskriterium? »Ich glaube, die Sprache kann man alles fragen. Wenn ich wissen will, was etwas wert ist, lasse ich seine Sprache auf mich wirken.« Äußerungen dieser Art, in denen Walser seine Einstellung zur Welt, zu den Menschen aufdeckt, seine Innenwelt mit der Außenwelt vergleicht, finden sich in fast jedem Artikel. Dadurch wird ihre eigentliche Funktion deutlich: sie sind ein Geständnis auf Raten.

Martin Walser
Geständnis auf Raten

Suhrkamp

edition suhrkamp 1374
Neue Folge Band 374
Erste Auflage 1986
© Suhrkamp Verlag Frankfurt am Main 1986
Erstausgabe
Satz: Glücker, Würzburg
Druck: Nomos Verlagsgesellschaft, Baden-Baden
Umschlagentwurf: Willy Fleckhaus
Printed in Germany

1 2 3 4 5 6 - 91 90 89 88 87 86

Inhalt

Fastenzeit

Wenn man weit weg landet, fällt einem wieder auf, daß man einen inneren Empfänger beherbergt, der auf alles, was vorkommt, reagiert. Lang zu Hause, auf nichts mehr reagierend, kann man dem Irrtum verfallen, man sei selber produktiv. Kaum ist man zum Beispiel in San Francisco gelandet, wird man vor lauter Eindrucksandrang ganz passiv, sprachlos. Man kann bloß noch schauen. Das Haus für vier Monate liegt dann am Hügel in Nord-Berkeley. Man sieht durch alle Fenster auf die Bay hinunter und drüben über der Bay das andauernd zwischen Dunst- und Klarheitsgraden schwankende San Francisco. Um sich seiner selbst zu versichern, sagt man, das ist ja wie Konstanz von Überlingen aus gesehen. Wie hier Treasure Island liegt, liegt daheim die Mainau.

Nach dem Bay View das Fernsehen. Hauptdarsteller, momentan, der Präsident. Mein Eindruck: Ein Präsident, der Schauspieler würde, wäre sicher weniger gefährlich als ein Schauspieler, der Präsident wird. Eine Orgie rhetorischer Selbstgerechtigkeit. Oder ist das das einzig Wahre, so tun, als schäume man, wenn die andere Weltmacht ihrem Verfolgungswahn ein Flugzeug mit 269 Menschen opfert? Anderntags erzählt ein bedeutender Professor, eine rasche Umfrage habe ergeben, 37 Prozent der Amerikaner seien im Augenblick für Krieg. Für die Hiesigen hat Reagan mit diesen Empörungsausbrüchen vor den Kameras der Nation einfach den Wahlkampf 1984 eröffnet. In denselben »Late News« erfährt man auch, daß ganz in der Nachbarschaft in Oakland drei Männer und eine Frau schon seit dem 6. August, dem Hiroshima-Tag, hungern. A hunger for peace. Ein Japaner, ein Frankokanadier, ein Amerikaner, eine Amerikanerin. Die Frau a brown women, eine Mestizin also, die es nach harter Jugend in Los Angeles zur Medical-Nurse-Direktorin an der Universität in Chicago brachte, durch den Vietnam-Krieg vom Middle-Class-Karriereweg abgebracht wurde und zuletzt mit Charles Gray, dem amerikanischen Mitfaster, in Oregon lebte. Von 200 Dollar im Monat. Das sei das Durchschnittseinkommen auf der Erde. Die sich wegen zunehmender Schwäche kaum mehr verlautbarende Kraft dieser vier Hungernden wird täglich größer. Die Bürgermeisterin von San Francisco und andere hohe städtische Beamte fasten aus Sympathie und Solidarität drei Tage mit.

Sie würden aufhören zu hungern, wenn die Raketenaufstellung ein Jahr hinausgeschoben würde oder mindestens ein Nato-Land die Aufstellung verweigerte. Die Idee ist, daß das Moratorium von einer Seite praktiziert werden sollte, um den toten Punkt zu überwinden. Aber die Fortsetzung des Moratoriums hinge davon ab, daß die andere Seite dem Beispiel folgte. Ein Pädagoge in San Francisco sagt, wie diese vier über dieses Problem sprechen, das sei wirklich lebensbejahend und es werde durch die Medien nicht beschädigt. Dazu gehört allerdings eine beträchtliche spirituelle Kraft. Aus vielen Traditionen stammend, wird sie jetzt entwickelt aus aktueller Not. Sie kommen sich selber nicht anders vor als Eltern, die in ein brennendes Haus rennen, um ihre Kinder zu retten. Es kann sie ihr Leben kosten. »Wenn ich bete, bete ich eher, daß es die Leute hören, daß sie darauf reagieren, und nicht zu irgendeiner Gottheit.« Charles Grays Art zu beten ist Praxis. Es kommt jetzt nur noch einer täglich in die Kapelle des Holy Redeemer Center. Sie müssen ihre Kräfte sparen. In der Kapelle wird dann ein Lied gesungen, das so aufhört: »Let there be peace on earth and let it begin with me.« Praktischer kann die Friedensbewegung nicht sein. Geistiger auch nicht.

Konservatives Genie

Ich weiß überhaupt nicht, ob Konservative mehr lügen als andere; ich glaube aber beobachtet zu haben, daß ihnen das Lügen leichter fällt als anderen. Eine so schwer beweisbare Beobachtung muß man wohl eine Behauptung nennen. Wenn die Behauptung zutrifft, dann natürlich unter allen Umständen, also auch unter sowjetischen, vatikanischen und so weiter. Mein Beweismaterial stammt hauptsächlich aus Bonn.

Adenauer machte es überhaupt nichts aus, jahrelang die Lüge zu verbreiten, eine SPD-Regierung würde uns in eine kommunistische Katastrophe hineinbugsieren. Es gab damals noch Wahlplakate, die die östliche Gefahr mit Untermenschenzügen an die Wand malten. Leute, die von Kindheit an zur Herrschaft gehören, halten das, was sie selber sagen, für die Wahrheit. Sie zweifeln nicht an sich. Das haben sie nicht gelernt. Der neueste Beleg für dieses konservative Unanfechtbarkeitstalent: die Bonner CDU-Routine, politisches Denken, das nicht in den CDU-Kram paßt, als antiamerikanisch zu diffamieren. Der CDU-Routinier weiß, daß die Bevölkerung sich unter amerikanischem Schutz und Schirm bis jetzt sicher fühlte. So sicher, daß ein konservativer Politiker in Bonn über Außenpolitik gar nicht mehr lang nachdenken muß. Es genügt, immer ein bißchen amerikanischer zu sein als die Amerikaner.

Zum Glück gibt es Petra Kelly. Das muß man schon sagen. Auf ihrer Amerikatour kam sie jetzt auch hierher, nach Kalifornien. Mit ihr: Gert Bastian. Sie sprachen und diskutierten in einem Theater, das zu einer Oberschule gehört. Sechshundert Plätze, überfüllt, Übertragung nach draußen. Beide waren ein Erfolg. Beide kriegten »standing ovation«: Man klatscht nicht nur, sondern steht auf und klatscht lange, dann setzt man sich wieder. Beide sprachen sich deutlich genug gegen Reagans Rüstungswahn aus. Beide gerieten keine Sekunde lang in den Verdacht, antiamerikanisch zu sein.

Petra Kelly war so gut, wie ich sie zu Hause – wo ich sie allerdings nur durch die Medien kenne – noch nie erlebte. Die American-educated Petra gab das grüne Programm, als sei es in einem der Elfenbein-Internate in New England konzipiert worden. Diese Mischung aus deutscher Besorgtheit und amerikanischer Frische wurde bejubelt. Meine Frau meinte: Jeanne d'Arc. Dabei fiel mir ein, daß wir einmal Liselotte Pulver in dieser Rolle gesehen hatten. Petra Kelly wäre eine Liselotte-Pulver-Rolle gewesen. Allerdings, inzwischen treffen hier an der Westküste die Sätze ein, die andere Grüne – offenbar sind die gerade alle herüben – gegen Washington gesagt haben. Radikalere Sätze. Nicht nur gegen Reagan, nicht nur gegen Amerika, sondern gegen unsere ganze vom Kompromiß produzierte Lebensart. Da merke ich dann, daß die Grünen ein Gewürz sind, daß mir unsere politisch-parlamentarische Suppe nicht mehr schmecken würde ohne dieses Salz – aber will ich Salz ohne Suppe?

Aber was sind die am schwersten verdaulichen Sätze der Grünen gegen das, was die Konservativen von sich geben! Im »San Francisco Chronicle« wurde Howard Phillips zitiert; er ist Chairman der Konservativen Wahlkommission; zur Affäre mit dem koreanischen Flugzeug sagte er: »Das war Ronald Reagans Falkland-Krise, und er hat nicht reagiert, wie es sich gehört« (»He did not respond appropriately«). Muß man der Bonner CDU klarmachen, daß man nicht gegen Amerika ist, wenn man gegen solchen konservativen Horror ist? Nun, das weiß die Bonner CDU selber. Sie tut nur so, als halte sie die Friedensbewegung für antiamerikanisch. Deshalb die Behauptung: Solche Leute lügen leichter.

Zukunftsmusik

Ich lebe in der Zukunft. Momentan. Ist Kalifornien etwa nicht die Zukunft? Kalifornien nennt man hier die USA der USA. In den Sechzigern ging von hier, von Berkeley nämlich, die Studentenbewegung aus. Daß die Friedensbewegung heute mehr Menschen bewegt als die Anti-Atom-Bewegung in den Sechzigern, ist ein Effekt des fortgeschrittenen Rüstungswahns, aber auch eine Frucht jenes Demokratie-Frühlings, den man Studentenbewegung nennt. Berkeley sah sich damals schon als *Wiege der 2. Amerikanischen Revolution.* Mir imponieren die Folgen dieses Frühlings im Einzelhandel. Neulich fiel mir an der Eingangstür eines Geschäfts – es heißt Cheese-Board – ein schwarzer Fetzen auf, der hing von einer riesigen bis zur Schwärze verbrannten Brezel. Ein paar Fotos im Schaufenster und ein Blatt Papier erklärten, daß eine Mitarbeiterin, Renate, mit dem Auto tödlich verunglückt war. Sie könnten jetzt nicht einfach weiterarbeiten, teilten die Cheese-Board-Leute mit. Sie bräuchten Zeit, um sich zu fassen. In der Unterschrift nannten sie sich ein Kollektiv. Wie dieses Kollektiv seinen Schmerz ausdrückte, das klang schon anders als unsere Formel »Geschäftsführung und Belegschaft werden ihr ein ehrendes Andenken bewahren«. Der Laden ist immer überfüllt. Man holt von einem Nagel eine Spielkarte und wartet, bis einer der fünf oder sechs Bedienenden die Karte ruft, die man hat. Solange man wartet, kann man vom Tischchen eine Schrift nehmen oder ein Flugblatt. Zum Beispiel: Ein Handbuch für gewaltfreie direkte Aktion. Oder eine Schrift: Stop the Euromissiles. Ein paar Schritte weiter gibt es einen Co-op-Supermarkt: eine Consumers Cooperative. Jede Woche erscheint eine Co-op-Zeitung; immer voller Bürgerbewegung; für den 1. Oktober organisierten sie einen Freeze Walk. Jeder Teilnehmer sollte zehn Kilometer mitmarschieren und pro Kilometer zehn Dollar Spenden sammeln. 240 solche Märsche sollten in ganz Amerika stattfinden. Es gibt Co-op überall. Das Marschziel: Zwei Millionen Dollar. Das Geld dient dazu, die Öffentlichkeit über die Euro-Raketen aufzuklären und bei den Wahlen Pro-Freeze-Kandidaten zu unterstützen. Im ganzen Kreis kamen 30 000 Dollar zusammen. Oder: Co-op organisiert eine Messe mitten in Berkeley. 200 Unternehmen, die denen gehören, die darin arbeiten, zeigen der Bevölkerung, was sie zu bieten haben. Natürlich gehören zu einer solchen Messe workshops mit solchen Themen: Kollektive in Nicaragua. Der Stadtrat von Berkeley hat unter seinem schwarzen Bürgermeister eine Stadt in einer befreiten Zone El Salvadors zur Schwesterstadt erwählt: San Antonio Los Ranchos. Berkeley ist die erste Stadt in Amerika, die offiziell Hilfe organisiert für eine Stadt, die mit US-Unterstützung zerstört wurde. USA der USA? Der Brot- und Käsladen hat in der Schwesterstadt eine Schwesterbäckerei gewählt und zeigt seinen Kunden auf Plakaten, wie man die Hilfe praktiziert.

Es gibt hier ein unübersetzbares Wortspiel: die counterculture der sechziger Jahre habe sich verwandelt in eine culture of counters. Counters sind Ladentische. Die Wiege der 2. Amerikanischen Revolution heißt jetzt Berkeley's gourmet ghetto. Und der konservative Mittelstand kommt vom Wohlstandshügel herab und kauft beim Kollektiv. Wäre das bei uns auch so? Oder würde der Generalsekretär in Bonn einen Friedensfeldzug organisieren gegen ein Kollektiv, das am Fuß des Venusbergs, in Poppelsdorf-Mitte, einen Laden betriebe und im Schaufenster über die Erstschlagsaspirationen der Partei des Generalsekretärs aufklärte? Ich will ja nur melden, wie angenehm es ist, in diesem Laden ein Pfund Greyerzer oder Appenzeller zu kaufen. Man läßt sich mit einem Hobel einen Schnipsel herunterhobeln und den auf dem

Hobelblatt herreichen. Die hinterm Ladentisch probieren mit, und sofort kriegt das Gesicht des Kunden und das Gesicht des Bedienenden jene milde Intensität, die ein Gesicht nur beim Musikhören und bei Wein- und Käseproben kriegt. Wieviel Zeit man in diesem Laden verbringt! Wie wenig man sich motiviert fühlt zu drängen! Die hinter dem Ladentisch werfen einander Papierbollen an den Kopf und lachen. Und sind doch auch schon fünfunddreißig. Wie hieß es in der letzten Woche in der Co-op-Zeitung: »Wenn man beim Arbeiten seinen eigenen Kopf und die Kraft des eigenen Verstandes benutzen darf, das gibt gleich eine positivere Atmosphäre.« Zum Glück ist das in der westlichen Welt keine Utopie mehr, aber ein bißchen Zukunftsmusik ist es schon. Käsladenzukunftsmusik.

Meinungsbildung

Ich habe keine eigene Meinung. Bei jeder meiner Meinungen weiß ich, woher ich sie habe. Natürlich, alle diese Meinungen zusammen ergeben dann ein Gemisch, das ich, wenn ich nicht genauer hinschaue, für meine Meinung halte. Aber wenn ich dann etwas meine, zum Beispiel, daß der amerikanische Präsident so und so sei und der CDU-Generalsekretär so und so, dann erschrecke ich ein bißchen. Dann merke ich, daß ich von Haus aus eingeschüchtert bin. Wer bin ich, daß ich den Präsidenten und den Generalsekretär für so und so schlimm halte?

Da ich nicht glaube, eine Person erlebe durch ein Amt eine Transformation, glaube ich nicht mehr, daß man Motive welthistorischer Persönlichkeiten anders als meine und deine beurteilen muß. Den Helden jeder Geschichte mag Klein Mäxchens Perspektive unangenehm sein, deshalb lassen sie durch ihre Schulen und Medien Klein Mäxchen einen Inkompetenzkomplex einbleuen. Da es aber nur um mich bzw. Klein Mäxchen geht in der Weltgeschichte, da immer wir den Preis dieser Veranstaltungen bezahlen, bringt mich (hoffentlich) kein autoritäres Sprachrohr mehr davon ab, meine Perspektive für wichtig zu halten. Was richtig ist, weiß sowieso niemand. Das ist durch Autorität am allerwenigsten zu klären.

Reagan sagt zur Zeit gern, das Tor sei jetzt offen, es sei jetzt an den Sowjets hindurchzugehen. Frieden KANN es aber nur geben, wenn Vertrauen erzeugt wird. Wird Vertrauen möglich, wenn einer von zwei Verhandelnden auf Überlegenheit setzt? Reagan geht davon aus, daß die USA den Sowjets überlegen sein müssen. Nicht mehr Verteidigungs-, sondern Erstschlagswaffen. Waffen, gegen die sich der andere nicht wehren können soll.

Ganz klar, der Präsident will diese Waffen nicht benützen. Niemals. Das wissen wir. Er will nur das Gefühl haben, der Stärkere zu sein. Für ihn, für die USA, wie er sie sieht, wäre es unehrenhaft, nicht der Stärkere zu sein. Und nur Amerika hat das moralische Recht, der Stärkere zu sein. Amerika wird dieses Recht nicht mißbrauchen. Die Sowjets, die kennt man ja, siehe die koreanische Maschine.

Ich fürchte, er glaubt, was er sagt. Er ist darauf angewiesen, der Überlegene zu sein. Kommt das daher, daß er sein Leben lang in Filmen der zweiten Kategorie spielen mußte? Ich kann sehr gut verstehen, daß das in einem Menschen einen fast nicht mehr zu stillenden Hunger nach Genugtuung erzeugt.

Ich muß gestehen, ich müßte jedem abraten, mir irgendein mit Macht verbundenes Amt anzubieten. Ich bin nicht gelassen genug. Mir geht es da wie Reagan. Wenn ich meine Person hochrechne bis in die Präsidentenebene hinauf, sehe ich, daß mir der Weltfriede nicht anvertraut werden dürfte. Aber eben darum spüre ich, daß Mr. Reagan auch nicht der richtige Mann ist. Sein Sprachgebrauch zeigt es, sein Bild vom Tor, das jetzt offen sei, die Sowjets müßten jetzt nur noch durchgehen. Das klingt nach dem Joch, durch das die Besiegten gehen mußten.

Das ist nicht die Sprache des Friedensfähigen. Das ist die Sprache dessen, der die Pershing II hat. Endlich kann er so reden. Endlich spielt er die Hauptrolle im teuersten Film der Welt. Der Preis ist UNSER Leben, Mr. President. Es gibt Leute, die vergessen auf dem Weg von unten nach oben, wie ihre Meinungen entstanden sind, sie vergessen die Relativität ihrer Meinungen, sie halten ihre Meinungen für die einzig richtigen: Sind das die richtigen Präsidenten?

Religiöse Zeiten

Bis jetzt haben alle Krieg geführt; die, die sich auf Gott berufen, und die, die ihre Macht vom Volke haben oder von einer Partei, die glaubt und glauben machen will, eine durch Revolution erworbene Legitimität sei ein Segen für immer. Wir leben noch in religiösen Zeiten. Religion ist unser Höchstes, Schönstes. Nur Musik reicht da noch hin.

Leider verhält sich Religion, im Gegensatz zur Musik, am liebsten anachronistisch. Jeder Religionsbesitzer kann jederzeit die eigene Ansicht zur Wahrheit überhaupt hochjubeln. Das westeuropäische Pech: Gerade hatten wir Rom ein wenig verdaut, waren dabei, per Aufklärung aus unserer »selbstverschuldeten Unmündigkeit« (Kant) aufzubrechen, da mausert sich Marxismus zur Staatsreligion und reizt dadurch im Westen die gerade abklingende religiös legitimierte Rechthaberei wieder ins grellste Leben zurück.

Wenn der Präsident in Washington die Leute, die einen Nationalfeiertag zu Ehren Martin Luther Kings haben wollen, mit rein weltlichen Argumenten abwehrt, wenn er als Präsident des Medien-Zeitalters und der Medien-Nation schlechthin abwiegelnd formuliert, bei der Größe Kings handle es sich mehr um ein Image als um Realität, dann kommt ihm ein konservativer Senator mit dem Argument zu Hilfe, das funktioniert: King habe Kontakt zu Kommunisten gehabt. Ein religiöses Argument. Der ermordete Bürgerrechtler war zwar selber Pfarrer und ein praktischer, also wirklicher Christ, aber wenn er mit dem Bösen in Berührung kam, gilt das nichts.

Wir leben in religiösen Zeiten. Deshalb sollen wir ruhig damit rechnen, daß Westeuropa in die Luft gejagt wird, weil die zwei superreligiösen Mächte sich nicht über eine natürliche

Lebens- und Todesart einigen können. Das schreit zum Himmel. Das Zentralkomitee in Moskau muß man, da es darüber befindet, was gut und was böse ist, zu den Religionsbehörden zählen. Ich glaube aber, man muß Religionen gegenüber tolerant sein, sonst werden sie böse. Je reiner die Wahrheit, die einer besitzt, desto böser wird er auf die, die an seine Wahrheit nicht glauben.

Westeuropa wäre mit Moskau hingekommen. Wir hätten die sowjetische Religionsbehörde durch mangelnden Gegenkrampf entspannt. Glaube ich. Solange die amerikanischen Konservativen vom Schlage Reagans regieren, sind wir in akuter Lebensgefahr. Das Vokabular dieser Leute ist nicht das des Kalten Krieges, sondern des Kreuzzugs. Marxismus ist für dieses Lager nicht eine weitere Religion, die sich durch Machtübernahme pervertiert hat, sondern das schlechthin Böse, das man absolut bekämpfen muß. »Moral Majority Inc.« heißt eine dazu aufgelegte Organisation. Dieses Lager hat jetzt Hochsaison. Es dröhnt vor Unanfechtbarkeit, Unentwickelbarkeit, Bibelversteinerung.

Wenn Westeuropa, z. B. in Bonn, wenigstens zur Kenntnis nähme, wie gefährlich es ist, dem konservativen Amerika gegenüber auf den eigenen Standpunkt zu verzichten. Unanfechtbare können keine Erfahrungen mehr machen. Sie produzieren ihre religiös legitimierten Feindbilder und werden immer empfindlicher, je irrealer sie werden. Sie fühlen sich verfolgt. Fühlt sich heute jemand verfolgter als Moskau und Washington? Unsere einzige Hoffnung – da Westeuropa es nun einmal zu keiner eigenen Stimme bringt –: das neue Jahr ist ein Wahljahr. Wenn Reagan nicht noch fünf oder zehn Inseln überfällt – was Stimmen bringt –, haben die Liberalen eine Chance. Es ist unsere Chance, unsere einzige.

Zur Einführung der Reisepflicht

Der Gärtner, der über der Straße drüben gerade seinen Pflug zum Einsatz bugsierte, rief, als er mich sah, herüber: So, au wiedr im Land. Dahuom isch as halt all no am schänschte. Solchen über den laufenden Motor zugerufenen Nachbarsätzen muß man sich fügen. So, au wiedr im Land: das ist trokken-spöttisch-herzlich-begrüßend gemeint. Man tut, als sei man wieder da. Man tut, als sei die Reise nichts Besonderes gewesen. Der Pazifik, halt auch so ein Wasser. Man tut, als sei man derselbe, der man vor der Reise war. Daß die Gegend hier momentan aussieht wie eine abgetragene Tarnuniform, darf man nicht sagen. Und diese Trübnis, das wird ja überhaupt nicht Tag hier. Man ist bei Maulwürfen gelandet. Ja, man war zu lang auf der Sonnenseite. Zum Glück ist Reisen auch beschwerlich. Sonst müßte man ein noch schlechteres Gewissen haben gegenüber Daheimbleibenden. Und Reisen zerstreut, lenkt ab. Man ist ein Tourist. Und als Deutscher ist man sogar ein deutscher Tourist. Sofort fühlt man die kulturkritischen Blicke der Intellektuellen aus edleren Nachbarnationen förmlich auf sich brennen. Bewundernswert, wieder einmal, der ganz auf Fußreisen eingestellte Dichter Robert Walser, der es ablehnte, sich von Walter Rathenau zu einer Reise in die Südsee einladen zu lassen. Bäume reisen nicht, soll er gesagt haben. Ich reise zwar auch nicht gern, aber ich bin gern fort. Fort zu sein, ohne reisen zu müssen, das wär's. Vor ein paar Jahren hat sich in einem Londoner Hotel ein junger amerikanischer Manager umgebracht. Man fragte den Computer der Organisation, für die er gearbeitet hatte. Der Computer war der einzige, der über den jungen Manager Bescheid wußte. Ergebnis: der junge Mann war in fast drei Jahren nie länger als ein paar Tage an einem Ort gewesen. Immer unterwegs. Zuerst zerstreut man sich, dann verliert man sich. Mir tut das gut. Zu Hause bin ich mir zu nah. Rechthaberei und Borniertheit summieren sich zu einer deprimierenden Last. Reisen sollte eine Art Anstandspflicht sein. Es sollte sich gehören, daß jeder einmal im Jahr dahin fährt, wo er wirklich nicht hingehört. Politikern sollte es geradezu abverlangt werden, einmal im Jahr ins Gegenteil zu reisen. Wie kann jemand mit Moskau verhandeln, der nie in Moskau eine Suppe gegessen hat! Und vom Kapitalismus zu reden, ohne in USA gewesen zu sein, ist ein Witz. Amerika ist eben nicht nur ein kapitalistisches Land, sondern die offenste Geschichtswerkstatt, die es je gegeben hat. Das aufregendste Menschenmischungsexperiment überhaupt. Also nichts wie hin: Der größte politische Einfall seit 1945 war das amerikanische Reiseprogramm für Deutsche aller Art. Nicht: Gehet hin und lehret alle Welt, wie gut wir sind! Sondern: Kommt zu uns und schaut, wie wir sind. Das ist politisch genial. Sobald eine Religion oder eine Politik Apostel braucht, muß man mißtrauisch werden.

Immer in den eigenen Wänden – das ist die Villa Verfolgungswahn. So entschuldige ich meine Reisewut. So lange fort sein, bis man hoffen kann, sich zu verlieren. Bis einem das Eigene fremd ist. Bis man den, der man daheim ist, nicht mehr ohne weiteres versteht. Bis man abfällt, verrät, verleugnet, auch sich selbst. Bis man anfängt, in einer Fremdsprache zu träumen. Dann ist es Zeit, den Rückflug zu buchen. Da die Fluggesellschaft das Nationale trägt wie ein Mannequin die Mode, wird einem das Heimische gleich wieder grell unter die Nase gerieben. Na ja, dann gibt man eben zu, daß man dazugehört. Zum alten Verein. Der Gärtner hat ja nicht übertrieben. Daß es daheim all no, also immer noch am schönsten sei, heißt ja hart realistisch: es ist überall nichts, aber daheim geht es noch am ehesten. Allerdings, woher weiß das der Gärtner? Er war doch gar nicht fort? Er könnte mit Robert

Walser sagen, daß Bäume ja auch nicht reisen oder, noch einfacher, mit Goethe: »Was hat ein Gärtner zu reisen.« Goethe selber war, als er das sagte, in Venedig.

Zur Abschaffung der Gegenwart

Vom Schönsten: zehn bis zwanzig Tage im Gebirge, ganz ohne Nachrichten. Da erschrickt man über den täglichen Nachrichtenkonsum daheim. In der Unterkunft lag eine alte Zeitung. Natürlich liest man sie. Man ist kein Asket. Woher kriegen Nachrichten diese Würde, wenn sie überholt sind? Wie Arafats Gespräche mit Ägypten in Syrien und Israel beurteilt wurden, ist jetzt keine Nachricht mehr, sondern Geschichte. Hätte man das am Tag gelesen, an dem es aktuell war, hätte es beigetragen zu dem ständigen Reizzustand, den man Zeitgenossenschaft nennt. Berlin, Korea, Ungarn, Algier, Cuba, Kongo, Vietnam, Prag, Angola, Israel, Afghanistan, Polen, Libanon ... um nur die Spitzenpeinlichkeiten der Epoche zu nennen. In Amerika gibt es Fernsehprogramme und Zeitungen, die berichten das Lokale groß und vorneweg. Weltpolitik folgt später. Am liebsten möchte ich mit solchen Medien leben. Mit Genuß kann ich nur eine alte Zeitung lesen. Wenn ich weiß, es geht zwar so und so schlimm zu, aber es ist uns wieder einmal nichts passiert.

Mit der Schwiegertochter in der Handlung kriegen wir nicht mehr den Kontakt, den wir mit der alten Frau Mani hatten. Frau Mani kauft jetzt selber ein in ihrer Handlung. Zufällig trafen wir einander dort. Eine herzliche Begrüßung. Kein Gespräch. Wir haben auch früher, als Frau Mani noch die Handlung hatte, nicht viel gesprochen miteinander. Aber unser Kontakt war grandios. Finde ich. Es gibt in der Handlung auf 16 qm alles, was es sonst in einem sechsstöckigen Kaufhaus gibt. Wenn einem die Handtücher ausgehen, wagt man in dieser Ladenwinzigkeit kaum nach Handtüchern zu fragen, aber es gibt sie natürlich. Mit und ohne Frottee. Frau Manis Sorgfalt war in einer in Jahren nicht angebbaren Zeit gewachsen. Im Zögern, im Einschränken, im Bedauern von Wareneigenschaften war sie eine Künstlerin. Das klingt schon wieder rampenlichtsüchtig. Sie war ja durch ihren fürsorglichen Pessimismus, durch ihr Nichtzuvielhoffnungwekkenwollen, also durch Zurückhaltung, so eindrucksvoll. Nie eine Pose. Nicht Verkauf war ihr Metier, sondern Versorgung. Sie hat gelitten, wenn sie glaubte, daß Waren nicht mehr so seien, wie sie eigentlich sein sollten, von alters her. Sie schien rein glücklich, wenn sie genau das hatte, was gebraucht wurde. Dann erlebten wir zusammen eine Angebots-Nachfrage-Harmonie, die ans Musikalische grenzte. In der dämmrigen, überfüllten Handlung war man bei einer erschütternden Solidität zu Gast. Weinen hätte man können vor soviel Anstand und 19. Jahrhundert. Im 19. Jahrhundert konnte man offenbar den Vorteil des anderen bedenken, ohne selber zu kurz zu kommen. Paradiesisch.

Das ist das Schöne am Gebirge, daß es in seinen Mulden und Falten manchmal eine Nische bewahrt, in der das Aktuelle noch nicht herrscht. Für das notorisch überreizte Bewußtsein des Zeitgenossen ist das die Kur: tagelang die Hebungen und Senkungen wiederzusehen, zu begehen, zu befahren, die man ein Jahr zuvor und drei und sieben Jahre zuvor beging, befuhr. Sensationslose Vertrautheit mit einem Landschaftsstück. Sicher haben alle Partien dieses Geländes schöne Flurnamen. Ich merke sie mir nicht. Der Schnee ist gegen Namen. Das Licht auch. Tag und Nacht, mehr Unterschied ist nicht nötig. Das Leben büßt seine Problematik ein. Wenn ich noch aufhören könnte, die Liftfahrten zu zählen, gäbe es überhaupt keine Zahl mehr. Der Schnee ist gegen Zahlen. Das Licht auch. Das Aktuelle verliert seinen Reiz. Die Ewigkeit bricht an. Ich melde, zum Beispiel, Frau Manis Tugenden an zur Unsterblichkeit. Denkmalschutz nicht nur für Häuser, auch für Menschen. Solcher Denkmale bedürfen wir: besonders wenn wir die sozusagen göttlich skandierten Hebungen und Senkungen des Heinzenbergs verlassen müssen, um uns wieder den Nivellierungen zu unterwerfen, die das Leistungsprinzip der Gegenwart uns antut.

Orwell + Kafka + Beckett...

... in einem Buch. Es heißt *Erkundungen, Texte aus (dem) Revier*. Revier, das ist Ruhrgebiet, aber auch eine Monatszeitung (Auflage 2500), die in Duisburg erscheint. Ich finde, es spricht für die Literatur (und gegen die Gesellschaft), wenn aus der Wirklichkeit Berichte eintreffen, die beweisen, daß die Literatur recht hatte. Das Rechthaben der Literatur ist natürlich nicht ernst zu nehmen. Die Leute, die die Wirklichkeit bestimmen, müssen sich nicht darum kümmern, daß Orwell, Kafka und Beckett schon ziemlich genau beschrieben haben, wie sie, die Mächtigen, ihre Macht über uns ausüben. Die Literatur ist machtlos. Deshalb imponiert sie nur den Machtlosen. Die Literatur übernimmt keine Verantwortung. Das ist ihre Freiheit und Schwäche. Das Schlimmste, was man der Literatur nachsagen kann, ist das, was ihr Jean Paul nachrühmte: daß sie eine zweite Welt in der hiesigen sei. In den *Erkundungen*, diesen 29 Texten aus fünf Jahren Revier-Zeitung, berichten Betroffene aus dem Ruhrgebiet. Wenn man das liest, erinnert man sich, das schon schön gedichtet bei Orwell, Kafka, Beckett gelesen zu haben. Die von nichts als Erfahrung gesättigten Berichte liest man nicht so gern. Bei Orwell z. B. ist das so herrlich genießbar, wenn das Ministry of Truth seine Parolen durchsetzt: WAR IS PEACE, FREEDOM IS SLAVERY usw. Newspeak (Neured') heißt dieser von der Macht durchgesetzte Verdrehungsjargon. Im Gegensatz zu vielen 1984-Kommentatoren fehlt mir die Angstphantasie, die im Niveau unserer heutigen Überwachungstechnologie Orwells Big Brother schon lebendig sieht. Mir fehlt da auch alle Erfahrung. Ich komme mir überhaupt nicht überwacht vor. Schon gar nicht durch eine Technologie. Aber Orwells Newspeak erlebe ich als Medienalltag, Politikalltag,

Verlautbarungsalltag, als Realitätsprinzip Nr. 1. Zum Beispiel: bei so gut wie jeder unternehmerischen Entscheidung hören wir, sie diene dazu, die Arbeitsplätze sicherer zu machen. Der Betroffene aus dem Ruhrgebiet reagiert darauf so: »Das klingt dann so richtig nach sozialer Verantwortung und so. In Wirklichkeit steckt dahinter eine unheimliche Brutalität.« Auch im Sprachgebrauch der Gewerkschaft entdeckt der Betroffene Newspeak-Qualität: »Das merkst du daran, daß die überhaupt nicht mehr vom Abbau von 3000 Arbeitsplätzen reden, sondern von der Sicherung von 6500 Arbeitsplätzen.« Ein anderer Revier-Bericht erinnert an Beckett. Nun hat Beckett ja nichts Gesellschaftliches im Sinn. Darum reizt mich das Elend herumkrebsender Beckett-Figuren immer dazu, das wahre und wirkliche Elend danebenzuhalten. Nicht wegen Beckett, sondern wegen seiner gepflegten Jünger, die sich in all ihrer Überversorgtheit den Beckett-Schauder wie eine Alternativ-Massage angedeihen lassen. Der wahre Beckett also in Duisburg: »Immendahl Nr. 10. Die Haustür ist offen, das Schloß fehlt. Scheiben fehlen in allen Fenstern. Steckdosen und Anschlüsse hängen offen aus den Wänden. Es ist kalt, feucht und dunkel ...« Das Haus gehört Thyssen, bewohnt wird es von der türkischen Familie Durmus. Falls also ein hochsubventionierter Bühnenbildner für ein feines Theater Anregungen für Beckett-Trostlosigkeit braucht, in dem *Revier-Büchlein* findet er plenty. Die Wirklichkeit gibt sich Mühe, die feinere Dichtung zu bestätigen. In meiner Lokalzeitung mußte die Entlassung eines Vier-Sterne-Generals kommentiert werden. Der Entlassene hatte, um seine Unschuld beweisen zu können, ein Disziplinar-Verfahren gegen sich beantragt. Der Kollege Kommentator in meiner Lokalzeitung: »Das Verfahren kann nur eingeleitet werden, wenn eine Verletzung der dienstlichen Pflichten in Rede steht. Das Verteidigungsministerium hat einen solchen Vorwurf aber bisher nicht erhoben. Kießling muß also erläutern, worin die ihm anzulastende dienstliche Verfehlung bestehen soll.« Das ist der reine Kafka. Und zwar der auf dem Höhepunkt, im Schloß-Roman. Der Inbegriff menschlicher Ohnmacht ist dort der alte, bis ins Mark ruinierte Barnabas, der zuerst sein Recht will und, als er das nicht kriegt, nur noch um Verzeihung bettelt: »Aber um Verzeihung zu bekommen, mußte er erst die Schuld feststellen und die wurde ihm ja in den Ämtern abgeleugnet.« Zu solchen Umständen kommt keine Macht ohne weiteres. In unserer Gesellschaft gehören dazu die Theologen der öffentlichen Meinung: die Intellektuellen vom Dienst: wir: Kommentatoren, Schriftsteller usw. Da öffentliche Meinung unsere wichtigste Quelle für Rechtfertigung ist, ist sie uns, mit Recht, heilig; das bedeutet aber auch, daß in ihrer Sphäre Theologen gedeihen. Wir Meinungs-Theologen verklären Machtausübung, wir schaffen die Aura von Recht, Anstand, Würde, Verfassung, Demokratie, Pluralismus, Meinungsfreiheit. Ohne uns wäre Macht ungeschminkt und verwerflich. Keiner würde sie ertragen. Aber von einer andauernd arbeitenden Exegetenschar ins edelste Wortgut gebunden, mit traditionsschwerem Duft angereichert, verliert der Übermut der Mächtigen sein Brutales und fühlt sich an wie Vernunft und Sitte. Newspeak. Das *Verteidigungs*ministerium ringt sich unter herzlichschmerzlicher Kommentierung zu Erstschlagswaffen durch. Im Fernsehen sagte der Kollege von den Nachrichten: »Darin daß der General jede Homosexualität abstreitet, sieht Wörner, daß der General erpreßbar ist.« Der Unterschied zwischen dem absurden Theater auf der Bühne und dem in Wirklichkeit ist der: die Bühne weiß es, wenn sie absurd spielt, sie teilt es mit. Deshalb muß man ja auch Kunst nicht ernst nehmen. Ernst nehmen muß man nur die Macht, die nicht weiß, daß sie sich absurd aufführt.

Antäische Musik

Klingt gleich besser als: hiesige Musik. Nicht für jeden ist im Hiesigen Antäus inbegriffen. Das ist der, der unbesiegbar war, solang er auf seinem Boden blieb. Der herumreisende Ringer Herkules hob ihn ab und zerquetschte ihn. Hier in der Gegend tauchten herumreisende Mönche auf und stemmten unsere Leute sursum in excelsis ... Dazu gehörte auch, daß der Abt von St. Gallen das Jodeln in der Kirche verbot. Jodeln, das ist antäische Musik schlechthin. Musik ist eine Heilkunst. Besonders antäische.

Forderungen, denen ich mich nicht gewachsen fühlte, machten mich krank. Sie verfolgten mich. Also ins Konzert. Auf dem Programm: »Die drei großen Wiener Sonaten für Violine und Klavier von W. A. Mozart.« Ort: Gemeindezentrum der Christengemeinschaft. Von außen abweisend, innen eine hohe Holzkuppel, ein günstiger Holzhelm für uns alle. Dann spielen Ildiko Kun-Tischler und Roland Baldini. Höre ich zum ersten Mal in meinem Leben reine Musik? Endlich erlebe ich mich nicht mehr dabei, daß ich die Musik noch in irgend etwas anderes übersetze. Vielleicht habe ich immer zu aufmerksam, zu gierig hingeschaut, weil da Michelangeli, Pollini oder Brendel saß. Andererseits bin ich, weil ich nichts von Musik verstehe, auf das angewiesen, was ich höre.

Freunde, die viel von Musik verstehen, behandeln mich mit ergreifender Geduld. Ich kenne Leute, die so viel von Literatur verstehen, daß sie ein Buch nur noch lesen können, um zu sehen, ob es gut ist oder schlecht; ich weiß also, wieviel einer entbehren muß, der etwas versteht. Nun hörte ich in der anthroposophischen Kirche zu wie noch nie. Die Erinnye vom Dienst, die mich verfolgende Forderung, mußte ablassen von mir, ich war bei Apollo, hatte die Freistatt erreicht. Das war nicht nur spürbar wie ein Zahnweh, das aufhört, das war Bewegung, wo unter dem Druck der Forderung nur noch Erstarrung gewesen war. Ich staunte den Geiger an. Aber der drückte deutlich aus, daß er nicht angestaunt sein wollte. Der war mit einer für einen Künstler schon unmäßigen Bescheidenheit am Werk. Seine Bescheidenheit war sein Stolz. So würde, wenn es ihn gäbe, Jakob von Gunten musizieren. Vorher war mitgeteilt worden, dieses Konzert solle diesem Kirchenhaus zugute kommen. Kann man so nur spielen, wenn man es nicht sich selbst zuliebe tut? Muß nicht alles, was man sich selbst zuliebe tut, mißlingen? Es dauerte ein paar Tage, bis sich die Erinnye durch das Rosarot dieser Einbildung durchgenagt hatte und ihren Dienst bei mir wieder aufnahm. Dann war ein Schülerkonzert fällig. Wieder im anthroposophischen Gelände. Diesmal unter einer fast schon riesigen Holzkuppel. Auf dem Programm: Zemlinsky, Rachmaninow und Carl Maria von Weber. Ein etwa Achtzehnjähriger nahm am Klavier Rachmaninow auseinander und machte ihn durchsichtiger, als er ist. Bei Zemlinsky meldete sich die Erinnye wieder. Aber dann kam Apollos Triumph: Concertino für Klarinette und Orchester, Carl Maria v. Weber. Holz und Blech und Saite, ein ganzes Orchester von Siebzehn- bis Achtzehnjährigen zog einen blitzenden, schützenden Zaun um mich her. Die Forderung, mit der ich es so lange zu tun gehabt hatte, verlor ihre Überlegenheit. Mitten in diesem blitzenden und schützenden Es-Dur-Gehege sitzend, kam ich mir stark vor. Ich wußte die Lösung. Adieu Erinnye. Für mich reicht offenbar das sogenannte Oberstufen-Orchester mit seinem zarten Dirigenten Schories, der dirigiert, als wolle er eigentlich nicht dirigieren, sondern nur da sein, für alle Fälle. Ein paar Wochen vorher hatte ich mit einer mich selbst erschreckenden Teilnahmslosigkeit den hochprofessionellen Tänzen zugeschaut, die Zubin Mehta vor seinen Wiener Philharmonikern aufführte, um sie bei der Aufführung von

Schönbergs »Pelleas und Melisande« so heftig als möglich zu dirigieren. Ich wage natürlich nicht zu behaupten, der herumreisende Virtuose stehe sich selbst im Wege, weil er, statt der Musik, sich aufführe. Aber gehört hier nicht doch der von E. A. Poe zitierte Marmontel-Satz her: »La musique est le seul des talents qui jouissent de lui-même; tous les autres veulent des témoins.« Und ist, wenn der Virtuose spielt, nicht Dabeisein alles? Letztes Jahr habe ich einen, der aus der herkuleischen Metropole kam, mitgenommen zu so einem heilsamen Konzert. Hindemith, Flöte. Der Mitgenommene klopfte mir nachher so mild als möglich auf die Schulter und sagte, er habe schon Besseres gehört. Ich glaube, in seinem Satz kam auch Frankfurt vor. Seine Metropole ist nämlich Frankfurt. Das Musik-Glück der Provinz ist für Leute aus der großen Welt nichts Heilsames. Sie brauchen in der Metropole auch nichts gegen Erinnyen, weil das sozusagen ihre Haustiere sind, die ihnen gehören und gehorchen, die sie hinschicken können, wo sie wollen, z. B. zu mir. Aber ich habe ja Hilfe: eine Musik, die hier gemacht wird. Eine antäische. Darf es das geben? Ne rideatis, amici.

Der verordnete Fortschritt

Nach 30 Jahren öffentlich-rechtlicher Fernseh-Arbeit habe ich immer noch nicht mehr als sieben Programme in der Stube. In England haben sie sogar nur vier. Wie soll man da einen Abend herumbringen! In den USA hat man mindestens zwanzig Programme. Bis man da überall hineingeschaut hat, ist der Abend vorbei. Die Kinder fangen deshalb schon am frühen Nachmittag an. Im Durchschnitt kommt ein Schulkind dort pro Woche auf mehr Fernseh- als Schulstunden. Zum Glück haben wir jetzt eine konservative Regierung, die sorgt dafür, daß auch wir die Gutenbergstufe unserer Geschichte bald hinter uns haben. Die wirklich Fortschrittlichen sind jetzt die Konservativen, das wird immer deutlicher. Neulich informierte die Bayrische Staatsregierung die Bevölkerung in unübersehbaren Inseraten, wie sie unsere Zukunft organisieren will. »Die rasche Entwicklung auf der Satelliten- und Kabeltechnik hat die Staatsregierung veranlaßt, den Entwurf für ein *Medienerprobungs- und -entwicklungsgesetz* (MEG) der Öffentlichkeit vorzulegen.« Wenn es so spürbar vorwärts geht, gerät auch die Bürokratie ins Schwärmen: »Neue Anbieter ... schaffen Konkurrenz ... eröffnen die Chance für mehr Information ... für mehr und vielleicht bessere Unterhaltung, mehr Meinungsvielfalt und auch für neue Ideen.« Nicht »zwangsläufig mehr Fernsehkonsum«, so meint es der konservative Staat nicht, er will »vor allem mehr Auswahlmöglichkeit«. Und wenn der Staat die Zukunft nicht durch das *MEG* »sinnvoll kanalisiert«, »droht in Kürze unkontrollierter Wildwuchs von außen«. Der christliche Staat verspricht, er werde die Eltern bzw. die Kinder durch »ein Verbot brutaler, gewaltverherrlichender, pornographischer und sonstiger jugendgefährdender Darstellungen« schützen. Wir kriegen da, glaube ich, nur sehr saubere Sachen ins Haus. Die Amerikaner sollten bald Studienreisen zu uns machen, damit ihre Schirme endlich ein bißchen weniger verheerend wirkten. In den amerikanischen Gerichtssälen, vor allem wenn jugendliche Täter gerichtet werden sollen, reden die Gutachter schon ausführlicher über die Einflüsse des Fernsehens als über die des Elternhauses. Amerikaner können offenbar nicht so recht umgehen mit dem neuen Medium. Bavarians to the front!

Und inzwischen droht neuer Wildwuchs vom Video-Schokker-Markt. In England zum Beispiel haben sie schon eine richtige Cable-Authorithy, aber an jeder Ecke, bald an jeder Tankstelle kann man a video nasty kaufen oder um 3 Mark für einen Abend leihen! Da werden Glieder abgehackt, enthauptet, wird Menschenfleisch gegessen usw. Auch bei uns wächst der schockierende Markt. Neue Anbieter! Freie Marktwirtschaft! Neue Medien! Seit Gutenberg hat es keinen solchen Ruck mehr gegeben. Auch die SPD hat jetzt eingesehen: was man nicht verhindern kann, muß man fördern. Der sogenannte Medien-Gigant Bertelsmann hat das laufende Geschäftsjahr zum »Jahr der Wende« erklärt. Wir müssen umdenken. Auch finanziell. In England stellt sich heraus, daß pro Monat eine Million Kabel-Abonnenten abspringen. Aber noch kommt immer eine neue Million dazu. Man spricht von einem Churn-(Butterfaß-)Phänomen. Und in Ludwigshafen, wo bei uns die Kabel-Epoche beginnen soll, haben erst 1200 Menschen die Zukunft abonniert. Das muß anders werden. Wir können doch die Medien-Giganten nicht im Stich lassen. Wir müssen zahlen, sonst werden wir unsere Abende weiterhin mit vier bis sieben Kanälen verbringen. »Und noch ein Gesichtspunkt«, sagt das Staatsinserat: »Die neuen Medien schaffen und erhalten hochwertige und zukunftsträchtige Arbeitsplätze.« Das ehrwürdigste aller Argumente! Das schlechthin entwaffnende. Da ich zehn Jahre im

akustischen Streubereich einer Fabrik wohnte, in der Panzer-
motoren fabriziert wurden, und da doch auch Panzermo-
toren vor allem fabriziert werden, um »hochwertige und
zukunftsträchtige Arbeitsplätze« zu schaffen, habe ich mir
angewöhnt, das ehrwürdigste aller Argumente das Panzerargument zu nennen. Also auch noch das Panzerargument
spricht für die Neuen Medien.

Als ich das Staatsinserat mit all seinen Vorkehrungen und
Maßnahme-Versprechungen las, zerfiel mir im Kopf ein Satz
von Rousseau, dem ich bislang vertraut hatte: »Alle Vorkehrungen beweisen nur, wie nötig sie sind, und man sucht keine
Mittel gegen nicht vorhandene Übel.« Wenn Rousseau recht
hätte, bewiese das hohe bayrische Inserat, daß die Neuen Medien nasty bzw. übel sind. Da ein wahrhaft christlich regier-
ter Staat sie empfiehlt, können sie aber kein Übel sein. Also
hat Rousseau unrecht. Aber der war ja auch nicht fortschrittlich. Der wollte doch immer zurück. Zur Natur. Adieu, Jean-
Jacques, wir müssen vorwärts.

Propaganda für ein Laster

Es tut einem gut, wenn man, ohne darüber nachzudenken, zu wissen glaubt, es gebe auch Laster, die man nicht hat. So ging es mir all die Jahre mit dem Neid. Ich war ganz sicher, daß Neid in mir keinen Platz finde. Jetzt bin ich nicht mehr so sicher. Schon länger. In Kalifornien merkte ich, daß ich auf Leute neidisch war, die immer in Kalifornien leben. Das ist ein harmloses Beispiel. Es gibt harmvollere. Ich werde mich hüten, sie jetzt schon zu nennen. Nicht, solang der Neid einen so schlechten Ruf hat. Der Neid ist bis jetzt das einzige Laster ohne Charme. Der Geiz hat es wenigstens zu einer Art Dämonie gebracht. Von anderen Lastern und Lüsten gar nicht zu reden. Aber der blanke gelbe bittere Neid hat sich von dem Urteil, das der christliche Katechismus über ihn verhängt hat, nicht erholt. Nietzsche erwähnt noch die griechische Einschätzung des Neides. Das scheint eine dem Ehrgeiz verwandte Empfindung gewesen zu sein. Man beneidet einen, will es ihm nachtun. Wenn alle Hoffnung ruiniert ist, wird man von einer anderen Sorte Neid befallen, die, nach Nietzsche, die »Welt-Vernichter« beseelt: »weil ich *etwas* nicht haben kann, soll alle Welt *nichts* haben!« Man sieht an dieser Formulierung, den Neid hat auch dieser große Umwerter nicht umgewertet. In der Weltliteratur gibt es sympathische Helden für jedes Laster, nur nicht für den Neid. Nietzsche nennt diese Empfindung vollkommener Aussichtslosigkeit und die daraus entstehende Lust an einem großen allgemeinen Kaputtgehen, diesen »Gipfel des Neides« nennt er ein »abscheuliches Gefühl«. So ein positiver und heller Mann war noch der Herr Nietzsche. Ich würde mich ganz unmöglich machen, wenn ich nach Strich und Faden zugäbe, auf was alles ich neidisch bin. Angeblich hat der Neid seinen

Sitz unterm rechten Rippenbogen, wo die Melancholie ihre schwarzgelben Flüsse schiebt. Gelb wirst du, wenn nichts mehr läuft. Bei dir. Stauungsikterus.

Ich gebe zu, daß ich, wenn ich je bemerkte, daß jemand drauf und dran war, mich zu beneiden, sofort mein ganzes Schicksal so lange herunterspielte, bis ich merkte, daß er sich wieder entspannte. Beneidet zu werden ist mir viel peinlicher als zu beneiden. Ich möchte jetzt zur Umwertung aufrufen. Beneidenswerte sind schrecklicher als Neidige. Neid grenzt an Liebe. Der Neidige bewundert, verehrt, liebt so sehr, daß er sein möchte wie der oder die, die er bewundert, verehrt, liebt. Neid ist eine Einsicht in die eigene Hinfälligkeit. Neid ist Selbstauslöschung aus Selbsterkenntnis. Wer sich selber für beneidenswert halten kann, der muß einer seiner Gelben Rübe ziemlich sicherer Schneemann sein. Zum Glück kann ich mein Bekenntnis in einem Punkt konkret werden lassen: ich beneide keinen, der Macht hat. Macht und Mächtige erregen in mir nur Mitleid oder Verachtung. Aber sonst gibt es nichts, wo mein Neid nicht hinstiert. Die Sprache, die arme Kuh, die sich alles aufladen lassen muß, was den herrschenden Zustand feiert, behauptet, wir Neidige erblaßten vor Neid. So wollen uns die hysterisch empfindlichen, ewig hypochondrischen Mächtigen, Reichen, Beneidenswerten unser Schielen und Trachten vermiesen. Sie haben Angst, wir möchten ihnen, worum wir sie beneiden, einmal wegnehmen. Vom Neid als selbstgenügsamer Sehnsucht wissen sie nichts, die armen Habenden. Es gibt allerdings einen Besitz, der mich als Neider hemmungslos machen kann: Glauben. Niemanden könnte ich so beneiden wie einen Menschen, der an Gott glaubt; zum Glück habe ich noch nie so einen getroffen. Der Neid ist der Ausdruck des Nichthabens schlechthin. Nichts reizt das Leben so aus dem Verdauungsdämmer heraus wie das scharfe Licht des Neids. Unsere Geschichte braucht die *List der Vernunft*, aber auch den Eros des Neids.

Mein Glaubensartikel

Auf was man sich zurückzieht, wenn man nicht mehr weiter weiß, zeigt, an was man wirklich glaubt. Das Kind wendet sich an die Mutter, ich frage die Sprache. Ich glaube, die Sprache kann man alles fragen. Wenn ich wissen will, was etwas wert ist, lasse ich seine Sprache auf mich wirken. Wie Kritik geübt wird an einem in Familie, Schule, Militär, Betrieb, Beruf, das zeigt den Wert der einzelnen Traditionen. Die Sprache der Maßregelungen, die man im Berufsfeld des Schriftstellers erfährt, zeigt, man ist nur dazu da, daß die Maßregelnden sich kostensparend aufspielen können. Die Kritik, die mir als politischem Wesen, als strebendem und irrendem Zeitgenossen zuteil wird, zeigt, daß man nirgends so wenig probieren, tasten und irren darf wie im politischen Feld. Tolerant ist man nur, wo man nicht interessiert ist, wo nichts auf dem Spiel steht. Die feindseligsten, bösartigsten Briefe, die mich in den letzten fünfundzwanzig Jahren erreichten, stammen von Leuten, die politisch etwas an mir auszusetzen hatten. Die schönsten, die gütigsten, die liebenswürdigsten Briefe bekam ich immer von Leuten, die an meiner Religion etwas auszusetzen hatten. Zum Beispiel, als ich neulich hier behauptete, ich hätte noch nie einen Menschen getroffen, der an Gott glaubt. Das Traditionsfeld Religion bringt noch Menschen hervor! Wie ärmlich nehmen sich dagegen alle anderen Zimmer aus in unseres Vaters Haus. Und trotzdem habe ich diesen Vater nicht und kann nicht glauben, jemand habe ihn. Der große Fichte, der wegen Atheismus seine Professur in Jena verlor, wobei sein Dienstherr Goethe treulich mitwirkte, schrieb an einen Kollegen: die Frage, ob Philosophie atheistisch sei oder nicht, komme ihm so sinnvoll vor wie die Frage, ob ein Dreieck rot oder grün sei. Und Kierkegaard, mir der liebste Religionslehrer, hat gesagt: »... die Gewißheit des Glaubens ist ja kenntlich an der Ungewißheit ...« Offenbar hat er sich ganz auf die Sprache zurückgezogen. In meinem kierkegaardfernen, offiziellen Katechismus hieß es noch: Glauben heißt, für wahr halten, was Gott geoffenbart hat. Wie entlarvt sich da die Macht beim Manipulationsversuch!

An der Sprache haben so viele mitgewirkt, daß man sagen kann, sie sei über Willkür hinaus. Fichte zitiert in dem Aufsatz, aus dem ihm der Strick gedreht wurde, Goethe: »Wer darf sagen, / Ich glaub' an Gott? / ... Wer empfinden, / Und sich unterwinden / Zu sagen, ich glaub' ihn nicht?« Verneinung und Bejahung sind windige Operationen. Wichtig sind die Wörter, die etwas heißen. Mein Vertrauen gründet also auf Wörter, nicht auf Grammatik. Wenn ich sage: Ich glaube nicht an Gott, dann schmälere ich das Gewicht von »glaube« und »Gott« durch das kleine »nicht« kaum. Wenn der Bundeskanzler sagt, er sei »nicht gewählt, damit er mächtigen Gruppen um den Mund herumrede«, dann höre ich das »nicht« kaum mehr, ich höre sein schlechtes Gewissen. Die sprachhellen Franzosen sehen in einem, der sich verteidigt, einen, der sich anklagt. Viel mehr als die Sonne bringt die Sprache an den Tag. Besonders wenn einer sie zum Verbergen benutzen will. Wenn jemand zu mir sagt: Sie sehen aber jung aus! dann weiß ich, daß ich alt bin. Sprache ist das Positivste, was wir haben. Weil uns viel fehlt, haben wir sie. Der Glaube an die Sprache ist vielleicht ein Glaube an unsere Fähigkeit, uns zu helfen. Da segeln wir auf einer Kugel durch die äußerste Unwirtlichkeit, wissen nicht Wie und nicht Was, aber wir wissen uns zu helfen. Jetzt möchte ich eigentlich sagen: Das ist nicht nichts. Aber da ich gerade gestanden habe, für wie ohnmächtig ich die Verneinungsoperation halte, hätte ich damit ja fast gesagt: Das ist nichts. Und das will ich nicht gesagt haben ...

Polemik in vier Sätzen

I. Die abendländische Formel für allmählich erschöpfte Geduld, wenn unsere politische Toleranzbereitschaft allzu lange mißbraucht wird, ist Ciceros Werk und heißt: Wie lange noch, Catilina, willst du unsere Geduld mißbrauchen? Sie wird einem von Mal zu Mal in den Mund gelegt von der Machtausübung der christlichen Doppelpartei in Bonn. Die sogenannte BRD hat eine Errungenschaft, auf die sie in Europa jeden Tag ein bißchen stolzer sein darf: die Grünen. Der von den neuesten Erfolgsmeldungen der Grünen hysterisch werdende Machtapparat in Bonn holt zur Zeit die Adenauer-Parolen aus der Kiste, die damals, als sie gegen die SPD eingesetzt wurden, schon peinlich waren. »Zum ersten Mal in der Nachkriegszeit würde ein innenpolitischer Wechsel in Bonn auch zu einer außen- und sicherheitspolitischen Wende führen.« So der neueste Aufwärmer der Panikparolen, der Fraktionsvorsitzende Dregger. Dieser Schmarren wird seit mehr als drei Jahrzehnten eingesetzt, wenn irgendwo im Land der Versuch gemacht wird, die Politik als Ausdruck unseres gesellschaftlichen Lebens um eine Nuance realistischer, also angemessener zu formulieren. Es gibt auch SPD-Landesfürsten, die vor Wahlen schwören: Keine Berührung mit den Krawattenlosen! Nach den Wahlen variieren sie ihren bombastischen Stresemann-Stil und schütteln unberingte Hände und nehmen Sätze aus bärtigen Gesichtern auf in ihre Gesetzesvorlagen. Beispiele: Hessen und Hamburg. Ich weiß nicht, ob es fair ist, Gesichter von Politikern ernst zu nehmen, aber eines Abends war ich doch überrascht, als ich mehrere Parlamentarierinnen der Grünen versammelt sah und feststellte, daß sie einander viel viel weniger ähnlich sahen als die Männer von CSU bis SPD. Es kann doch nicht nur an der

Krawatte liegen, daß die Etablierten einander so ähnlich geworden sind. Daß den unglücklichen Machtverwaltern nichts anderes einfällt als die Aufwärmung der Adenauerschen Panikparolen, zeigt, wie wenig lebendig diese gestandenen (oder abgestandenen) Politiker sind. Nicht alle. Nicht der exzellent nüchterne Späth in Stuttgart, zum Beispiel! Aber die Routiniers, die sich täglich mit der Krawatte ein Bekenntnis um den Hals binden. Die Krawatte als letzter Ausdruck der Gemeinsamkeit aller Demokraten! Die Routiniers lassen den Andersdenkenden am liebsten im Feuilleton und im Nachtprogramm gewähren, aber sie verteufeln ihn sofort, wenn er wirklich handeln will.

II. Überall gibt's *Grüne*. In Malerei, Musik, Religion, Literatur, Philosophie ... Wer in einer Ausdrucksart längere Zeit erlebt, wie immer Jüngere an einer immer genaueren Fassung unseres Daseinsgefühls arbeiten, weiß, daß man sich als Älterer gern mit Besserwisserei und Borniertheit wappnet, nur um nicht zugestehen zu müssen, daß man nicht mehr der Jüngste ist. Als ich zum ersten Mal den Handke-Ton hörte, reagierte ich wie ein Dregger. Ich möchte heute noch als mildernden Umstand behaupten, daß der Jüngere seinerseits auf alle, die schon vor ihm mit Sprache umgegangen waren, mit aggressivstem Ekel reagiert hatte. Aber dem Älteren fällt offenbar nichts so schwer wie das Eingeständnis, daß man nie und nirgends das letzte Wort hat.

III. Nachdenken hätte mir nicht ermöglicht, die Brettvorm-Kopf-Haltung des Fraktionsvorsitzenden als eigene Erfahrung zu erkennen. Ich saß in der Kirche. Aber nachmittags. Hauptsächlich der Musik wegen. Mozart, Messe in c-Moll. Solange man solche Musik hört, ist man imstande, sich über das, was man schon hinter sich hat, ein bißchen erhaben zu fühlen. Das wird einem nicht noch einmal passieren.

IV. Mozart hat mich aufgeklärt: ich war bereit, mich, was Lernschwierigkeiten angeht, dem von mir sonst als Herren-

38

Journal-Herr empfundenen Fraktionsvorsitzenden an die Seite zu stellen. Es bedurfte aber noch des anschließenden Brucknerschen Te Deums, um diese Einsicht vom bloßen Bewußtwerden bis zur Gestehbarkeit zu befördern. Nach diesem hohen C muß ich also auf das Ciceronische Quousque-Pathos ganz verzichten. Ich kann mich bloß noch wundern, daß die Herren an der Macht so wild darauf sind, unserem Geschichtsrad als Bremsbelag zu dienen.

Echtes Theater

Wie schafft es ein Wort, zum Star zu werden? Wer könnte die Erfolgsgeschichte des Wortes ECHT schreiben? Wann fängt diese Geschichte an? Sie ist noch nicht beendet. Ich will diesen wunderbaren ECHT-Gebrauch nicht kulturkritisch banalisieren. Ich glaube zum Beispiel nicht, daß die ECHT-Welle anschwoll, weil eine Generation in Wort und Wirklichkeit mit zu viel Kunststoff bedroht wurde. Das glaube ich echt nicht. Ich möchte dem Sprachgenius dieser Generation meinen Dank abstatten für die Entdeckung und Begünstigung dieses stürmischen Wortes. Wenn eine Siebzehn- oder Siebenundzwanzigjährige telephoniert und hört etwas, was so schön ist, daß sie es eigentlich gar nicht glauben kann, dann ruft sie aus: ECHT?!?! Das hört man dann durchs ganze Haus. Ich habe dank dieser ECHT-Welle ein Fremdwort ersetzen gelernt, das mir immer schon auf die Nerven ging: authentisch. Das Hauptwort zu diesem Eigenschaftswort verursacht, wenn man es aussprechen will, mehr Herzkranzgefäßkrämpfe als jede Schachtel Zigaretten.

Ein an allen Ecken und Enden stürmisch verstärkend auftauchendes Wort für tausend Umstände ist ECHT inzwischen geworden. Eine stürmische Beteuerungssilbe von großer Strahlkraft. Ich habe gerade etwas ECHTES erlebt, darum rühme ich das Wort so. Nur mein Geburtsjahr hält mich davon ab zu sagen: ich habe echt was erlebt. Aber ich habe. Natürlich auf dem Land. Am Sonntagabend. Heile Welt. Echt?? Wirklich. Um jetzt doch noch ein Wort zu gebrauchen, das auf einen zukünftigen Sprachgenius wartet: Kosmos habe ich erlebt. Also, alles enthaltend, was zu einer Welt gehört, um sie vollständig zu machen. Die Geschichte, die mir dieses Echtheitserlebnis ermöglichte, ist sehr lang. Sie beginnt spätestens 1849, mit der Niederlage der badischen Revolutionäre: Carl Schurz, neunzehnjährig, mußte fliehen, nach Zürich. Der Chronist der früheren Pfarrei Wasserburg am Bodensee, der pensionierte Oberpostinspektor Zürn, meldet in seiner handgeschriebenen Chronik, er habe anno 33 von zwei Enkeln des Nonnenhorner Ortsvorstehers Conrad Forster erfahren, daß ihr Großvater den flüchtenden Revolutionär Schurz mit einem Boot nachts von Nonnenhorn über den See hinübergerudert habe. Ich darf sagen, daß ich diese Episode auch mit einem lokalpatriotischen Beben gelesen hatte. Überhaupt dieser Conrad Forster! Das war offenbar eine Art Geistesbruder seines Namensvetters Georg Forster aus Nassenhuben bei Danzig, der Cooks Weltumsegelung mitmachte und beschrieb und neununddreißigjährig, anno 1793, in Paris starb, als deutscher Revolutionär und ein Meister der deutschen Prosa. Conrad Forster aus Nonnenhorn war auch ein Demokrat, wurde 1849 Schriftführer des »Lindauer Märzvereins«, blieb das, bis der Märzverein verboten wurde. Daß das kleine Nonnenhorn 600 königlichbayrische Soldaten ertragen mußte, spricht für die demokratische Umtriebsamkeit Conrad Forsters. Der über den See geruderte Carl Schurz wurde später in Amerika General, Senator, Innenminister, einer der fabelhaften Deutschamerikaner. Aber Carl Schurz meldet in seinen Memoiren nichts von der Fahrt über den See. Er hat einfach zuviel erlebt in Zürich, Berlin, Philadelphia und Washington. Für Forsters in Nonnenhorn aber war es, trotz aller eigenen Regsamkeit, etwas Besonderes, einem Revolutionär, der dann eine solche demokratische Karriere gemacht hat, geholfen zu haben. Mündliche Überlieferung, handschriftliche Fixierung: so gelangte es zu einem heutigen Nonnenhorner. Er ist Obstbauer. Er machte daraus ein Theaterstück. In Versen, die sich reimen. Es heißt »Die Flucht oder ... setzt Glück und Leben für den Anderen ein ...« Das spielen die Nonnenhorner jetzt. Sie machen Theater. Echtes Theater. Echt! Das ist überraschend schön. Den Reiz, daß man Leute Theater spielen sieht, die man vom Postschalter oder vom Ladentisch her kennt, ist hier durch das, was sie spielen, zu einer hohen Würde gekommen. Oft genug spielt man ja in dörflichen Hallen »Bubi als Zimmermädchen«. Das nennt sich dann *Volksstück* und stammt meistens von einem, der das Volk nur aus *Volksstükken* kennt. Auf einmal jetzt die Kraft des Echten! Und das inmitten des Geleires von der Massengesellschaft, von der Nivellierung usw. Während wir uns der elitären Isolierung in Hoffnungslosigkeit widmen, dem lustvollen Geringdenken vom Menschen, wird ein junger Obstbauer von einer Chronikmeldung bewegt, es ist in seinem Ort passiert, er ist stolz darauf, die Sache ist ehrenwert, man darf sich angeschlossen fühlen an die beste Strömung im deutschen Geschichtsfluß, das müßte man doch feiern, öffentlich, jetzt, aber wie? Dafür ist nichts zu hoch. Vers und Reim! Und die, die das jetzt sprechen und spielen, schwingen sich andauernd auf diese Ausdrucks-Höhe hinauf. Man erlebt die Geburt des Theaters aus dem Geist der Geschichte. Das ist echt gut. Ich rief den fast noch der ECHT-Generation angehörenden Autor an, erbat das Manuskript, ich wolle das lesen, auch etwas tun für sein Werk, aber er: Er sei Obstbauer, daß jetzt über ihn etwas veröffentlicht werde ... das wolle er echt nicht. So soll's denn an Ort und Stelle bleiben. Ich brauche kein griechisches Wort mehr für diese fast griechische Begebenheit. Echt nicht. Aber ganz verschweigen kann ich Schönes nicht. Nicht in einer Welt, deren Wahrnehmungsvermögen sich so gern auf Mißlungenheit spezialisiert. Echt nicht.

Schön wär's

Arbeitsteilung ist die Wiege unserer Kultur. Bisher wurde die Arbeit geteilt, weil Spezialisierung notwendig war. Jetzt ist die Zeit da, die Arbeit zu teilen, weil es zu wenig davon gibt. Jeder von uns ist aufgefordert, Vorschläge zu einer weiteren Aufteilung der Arbeit zu machen. In England und Amerika ist man fast schon so weit, zeugen und gebären zu teilen. Nicht alles ist schon gut, bloß weil es möglich ist. Aber das Befruchten vom Austragen und Gebären zu trennen, das eröffnet eine neue Epoche. Bis jetzt werden fremde Leiber nur von Paaren benutzt, die selber ihren Samen und ihr Ei nicht auf einen glücklichen Weg bringen können. Aber in England und in Amerika drängen sich schon aufnahmebereite, gesunde Frauen, um für anständige Bezahlung diese und jene Frucht zu tragen und nachher abzuliefern. Das letzte Jahrzehnt hat die Frau zwar vorwärtsgebracht, aber so richtig wettbewerbsfähig ist die tätige Frau doch noch nicht, solange sie immer mal wieder neun Monate ein Kind tragen, dann gebären und auch noch stillen muß. Sie kommt dadurch völlig aus dem Takt. Jedesmal ist es fast eine Wesensspaltung, wenn sie nach den Muttermonaten zurück muß ins Berufsfeld. Ist sie noch auf dem Laufenden? Muß sie sich nicht schon überholt vorkommen? Und da gäbe es doch Portugiesinnen, Jugoslawinnen, Türkinnen, die nichts lieber täten, als bei dieser neuesten Arbeitsteilung den Tragepart zu übernehmen. Man könnte sich vielleicht eine Frau aus der Dritten Welt im Haus halten! Man möchte ja schließlich sicher sein, daß die eigene Frucht nicht mit Nikotin und Alkohol versehrt wird. Man selber könnte indes ruhig weiter Nikotin und Alkohol konsumieren. Es ist doch schon fast nicht mehr zumutbar, worauf eine Mitteleuropäerin heutzutage verzichten muß, bloß weil sie schwanger ist. Und die Figur! Die Frau soll doch, will sie in Frage kommen, jedes Jahr noch schmaler sein. Die Schwangerschaft ist ein geradezu unflätiger Anschlag auf das Aussehensideal der Gegenwart. Die Männer sind nun einmal inzwischen so narzißtisch, daß eine Frau, die ihnen gefallen soll, ihnen am besten ganz und gar gleichsieht. Nicht umsonst gibt es immer weniger Kinder. Wie lange können wir uns das bevölkerungspolitisch noch leisten? Wohlhabendere Paare könnten sich durchaus in ihrer besten Zeit fünf oder sieben gesunde Frauen aus der Dritten Welt in einem Frauenstockwerk ihres Hauses halten. Abends, wenn das Europäerpaar von seinen Arbeitsstellen zurückkommt, könnte es die tragenden Frauen besuchen, plaudern, streicheln usw. Also, es gibt wenig Arbeitsteilungen, die so segensreich aussehen wie diese. Nur eingefleischte Marxisten oder Materialisten könnten dagegen sein, weil nach ihrer Lehre das materielle Sein das Bewußtsein bestimmt. Wer dagegen weiß, daß der Mensch unter allen Umständen seine Seele hat bzw. daß das Genprogramm unsere Persönlichkeit per Vererbung bestimmt, der kann die fix und fertige Mischung, das befruchtete Ei, ruhig einem fremden und sei es analphabetischen Körper anvertrauen. Substanz bleibt Substanz. Und das auch noch: solange Frauen der Dritten Welt unsere Kinder austragen, tragen sie keine eigenen aus. Es gibt Fachleute, die das für einen Vorteil halten. Das ist einer jener Punkte, über den man einig ist, auch wenn man nicht so gern darüber spricht. Ich kenne keinen Vorschlag, bei dem man so viele Fliegen mit einer Klappe schlagen könnte wie bei dieser Fruchtfremdreifung. Wäre das nicht auch schon das richtige Wort: Fruchtfremdreifung (FFR). Den Mut, diesen Vorschlag zu machen, habe ich mir beim großen Jonathan Swift geholt. Im Jahr 1729 hat der einen »bescheidenen Vorschlag« gemacht, »wie man verhüten kann, daß die Kinder armer Leute in Irland ihren Eltern oder dem Lande zur Last fallen,

und wie sie der Allgemeinheit nutzbar gemacht werden können«. Swift bewies, daß Reichen und Armen am besten geholfen wäre, wenn die Armen ihre Kinder, sobald sie ein Jahr
alt sind, an die Reichen verkauften. Damit die etwas besonders Feines zum Essen hätten. Sicher haben viele die ganz
und gar einleuchtenden Darlegungen Swifts nickend gelesen,
aber getan hat's dann doch keiner. Wir sind heute in einer
glücklicheren Lage. Es empfiehlt sich von selbst, daß wir das
Naturgefälle zwischen mitteleuropäischen und südeuropäi-
schen oder gar asiatischen und afrikanischen Frauen nutzen.
6500 Pfund erhält die Kindswirtin zur Zeit in England als
Tragelohn. Im praktischen England gibt es schon eine Agen-
tur, die Kindswirtinnen vermittelt. Eine Frau aus der Dritten
Welt kann mit fünf Schwangerschaften dieser Art über hun-
derttausend Mark verdienen! Noch gibt es Hemmungen.
Moralische, religiöse. Aber die Leute, die diese Arbeitsteilung brauchen und sie auch bezahlen können, sind doch die,
die Vererbung über Milieu stellen, also müßten die Kirchen
diese neueste Form der Arbeitsteilung so bald als möglich ab-
segnen. Sonst kommt es so weit, daß man jetzt eben in England gebären läßt, wie man ja auch eine Zeitlang dort abtrei-
ben ließ. Ich kann mir vorstellen, wie sehr der große Swift
enttäuscht war, als er sah, daß sein Vorschlag mit Kopfnicken
gelesen, aber gar nicht befolgt wurde. Mir würde es genügen,
wenn der Leser nickend läse und am Ende sagte: Schön wär's.

Getauft und geliefert

Es sei gewagt. Ich weiß nicht, wie es hinzukriegen ist, daß es schicklich bleibt. Ich bin kein Schamverletzer. Schockverpasser sind mir unangenehm, egal, ob es sich um Elektro- oder Kulturschocker handelt. Also frage ich so schüchtern, wie ich bin: Sind wir als Geschlechtswesen unheilbar verkrüppelt, oder läßt sich da noch etwas ändern? Daß mir nicht mehr zu helfen ist, weiß ich, aber die Menschheit, kann die sich vom Christentum erholen, oder sind wir zu Tode getauft?

Zu allem, was wir sehen, stellen sich die entsprechenden Wörter ein. Selbst wenn wir gerade an Thomas von Aquin denken und dabei eine Käserinde sehen, wissen wir, obwohl wir an den großen Thomas denken, daß da eine Käserinde liegt. Was aber, wenn wir etwas sehen und haben kein Wort dafür? Das kann peinlich sein. Diese Erfahrung hat mir gerade ein Dreidreivierteljähriger aufgefrischt, mit dem ich 14 Tage lang unter einem Dach wohnte. Nennen wir ihn, da er ohnehin so heißt, Jakob. Den Namen verdankt er der Religion. Jakob hört zur Zeit am liebsten Schubert. Er hat eine Kassette, auf der der manchmal fast an Karl Erb grenzende Fritz Wunderlich die »Schöne Müllerin« singt. Und von all diesen innigen Klanggefällen findet Jakob den »Jäger« am innigsten. Schubert will es »geschwind« und staccato vorgetragen haben. Und Jakob, der, trotz seiner Dreidreiviertel, noch nie eine Fernsehsendung gesehen hat, greift während dieses eiligen und leichthin stoßenden Gesangs gern in die Gegend seines kleinen Geschlechts. Er zieht sich nicht aus, und er greift nicht unter seine Kleider, er hilft sich von außen. Es kommt vor, daß er sich auf das Sofa wirft während des Jägerlieds, damit sein bißchen Unterkörper der herummahlenden

Hand ein wenig entgegenarbeiten kann. Jakob schämt sich nicht. Mir fielen, wenn ich an diesen Vorfrühlingsveranstaltungen eher schielend vorbeiging, einige schreckliche Ansprachen ein, die auf mich vor vielen Jahren verheerend niedergingen. Innerhalb und außerhalb des Beichtstuhls. Heute tut mir am meisten weh, daß die Religion, um uns viel zu bringen, uns soviel nehmen mußte. Buchstäblich ausgerottet wurde die Sprache für Vielfalt und Reichtum unseres Geschlechtslebens in Kindheit und Jugend. Als Geschlechtswesen sind wir zu Tode getauft. Es gibt kein Wort mehr für das, was Jakob tut. Ich pfeife auf Herrn Onan. (Ich habe allerdings auch ein nicht mehr behebbares Mißtrauen für die nachträglichen feinmechanischen Worteingriffe eines Sigmund Freud.)

Wenn ich von der Hochsaison der Archäologie in unserer Gegend höre, werde ich neidisch. Völlig geliefert sind wir aber, wenn wir uns vorstellen wollen, wie vor Christus Mann und Frau sich miteinander verständigten. Wächst auf der von der Religion geätzten Stelle kein Wortgras mehr? Ich glaube so gern, daß Rosen bei Mozart-Musik schöner gedeihen als unter der Stanze des Rock. Jakob blüht auf unter Schuberts schmerzlicher Innigkeit. Aber Jakob ist getauft. Ist er damit auch geliefert? Auf jeden Fall könnte ihm keiner ein rechtes Wort anbieten für das, was er beim Jägerlied am liebsten tut. Ich pfeife auf Bezeichnungen. Wörter will ich. In tausend Jahren ist das Wort, das ausgerottete, nicht nachgewachsen. Haben wir uns abzufinden mit dem Bibelangebot, das ökonomischen Sinn strafend ins Geschlechtliche überträgt und als Wort eine Null ist? Was also tut Jakob, wenn Schubert ihn so innig angemacht hat? Peinliches Schweigen.

Glück, wortlos

Als ich den Teil des Gartens, der Nutzen, nämlich Kräuter, Salat und Gemüse bringen soll, fast schon für die nächste Bestellung vorbereitet hatte und nur noch aus der letzten Ecke, in die ich alles gerecht hatte, mit dem Herauslesen von Blättern, winzigen Astteilchen und kleinsten Steinchen beschäftigt war, merkte ich plötzlich, daß ich mich überhaupt nicht beeilte mit dem Herauslesen dieser zahllosen Fragmente aus dem schön bereiteten Boden. Ich ließ mir nicht Zeit, ich hatte sie. Ich wußte aber, daß ich dem nächsten Anrufer, der mich einladen würde, in Duisburg eine Rede aus wichtigem Anlaß und in Kufstein eine freundlich erwünschte Lesung zu halten, antworten würde, daß ich auf Monate hin kein bißchen Zeit erübrigen könne, so sei ich mit meiner Schreibtischarbeit im Verzug. Und das ist die reine Wahrheit. Andererseits kann mich ein Quadratmeter Boden in einer Weise beschäftigen, daß das Wort ZEIT und alles, was damit zu tun hat, überhaupt nicht mehr auftauchen kann in meinem Bewußtsein. Ich bin jetzt vollkommen konzentriert auf den jedes Jahr feiner werdenden Boden. Daß der ganz gut werde, darum geht es mir und um sonst gar nichts. Als ich den Stückchen und Steinchen lesenden Händen zuschaute, hatte ich eine Art Glücksgefühl. Da ich so was nicht so häufig habe, wurde ich von mir sofort gefragt, woher das komme. Das heißt, das Glücksgefühl war noch kaum empfunden, da empfand ich auch schon seine Bedingung: was ich tat, mußte sich nicht rentieren. Ich fühlte mich frei wie schon lange nicht mehr. Was ich tat, mußte sich nicht nur nicht rentieren, es war überhaupt keinem Leistungsprinzip unterworfen. Keiner würde kommen und prüfen, ob ich meine Arbeit gut oder schlecht getan hatte. Das dachte ich, als ich bemerkte, wie genau ich es nahm mit Stückchen und Steinchen. Genauer konnte man es nicht nehmen. Ich hatte den Ehrgeiz, einen fabelhaften Boden zu bereiten für die neue Bestellung. Die Zeit mit ihrem Drum und Dran war so sehr außer Kraft gesetzt, daß ich auf meinem Fleckchen Boden kniete, als gebe es überhaupt nichts anderes und schon gar nichts Wichtigeres. Es gibt auch nichts Wichtigeres. Ich war den Bedingungen entkommen, denen ich sonst Tag und Nacht (nämlich bis in die Träume hinein) unterworfen bin. Ich war frei. Sobald ich von dem Fleckchen Boden ins Haus zurückgekehrt war, war ich wieder eingespannt. Sofort kam ein Anruf, eine Umfrage, ich verweigerte die Antwort: keine Zeit! Es gibt ein Wort, mit dem man das, was man als freier Mensch tut, bezeichnet: Hobby. Ich habe mich immer geekelt vor diesem Wort. Ich habe es nie in den Mund nehmen mögen. Es ist mir immer lächerlich vorgekommen. Das mag für einen Angelsachsen anders sein. Für mich riecht es wie eine Kaufhausabteilung mit Plastikartikeln. Leider hat die deutsche Sprache den historischen Zeitpunkt verschlafen, in dem sie hätte bereit sein müssen, für Freizeitbeschäftigung ein Wort anzubieten. *Freizeitbeschäftigung,* das ist eine Amtsstubenausgeburt. *Liebhaberei* ist mir zu windig. Der Angelsachse weiß, wenn er in zehntausend ungemessenen Stunden ein Schlachtschiff aus Streichhölzern zusammenklebt und das sein Hobby nennt, daß Hobby von Hobby-horse kommt, daß er also dabei ist, sein Steckenpferd zu reiten. To ride a hobby: der Angelsachse scheut sich nicht, sich an das Kindliche zu erinnern. Der WEBSTER beschreibt das mit: to be excessively devoted. Genau das ist es. Bloß, genau das spüre ich nicht in dem Importwort. Der Angelsachse ist durch das Hobby-horse, das *Steckenpferd,* verbunden mit seiner Kindheit. Das ist die Zeit der Zeitlosigkeit. Die deutsche Sprache hat ihr *Steckenpferd* einmotten müssen für immer. Hobby hat es ohne horse aus dem Feld geschlagen. Deshalb haben wir jetzt ein weiteres für uns vollkommen künstliches, rein instrumentales Wort in der Sprache, bei dem man, wenn man es in den Mund nimmt, nichts als den Import bzw. den Kunststoff schmeckt. Ein Wort ohne Wurzel. Womit ich wieder bei meiner Frühjahrsbodenbereitung bin. Ich habe kein Wort dafür. Hobby lehne ich für mich ab. Wenn man einer besiegten Sprache angehört, bleibt manchmal nur Trotz und Unvernunft. Nicht einmal das cheval de bataille war dem Hobby-Siegeszug gewachsen. Meine freieste Stunde bleibt wortlos. Bedenklicher als das kommt mir vor, daß ich mich nirgends frei fühle als da, wo es auf nichts ankommt. Da lebt man nun in der freiesten aller Welten, dann schrumpft der sogenannte Freiheitsraum zusammen auf das Fleckchen Erde ... Andererseits: Was für ein Glück, eine Stelle zu haben, an der man sich unangreifbar vorkommt. Früher wurde einer namens Siegfried zur Mythe, weil er, der total Hürnene, noch eine einzige verletzbare Stelle hatte. Jetzt ist man glücklich zu preisen, wenn man wenigstens noch eine einzige unverletzbare Stelle hat. Das ist schon der Inbegriff der Freiheit. Wenn es dafür auch kein Wort gibt, so spricht das doch Bände.

Das Endspiel-Spiel

Als ich das Interview las, in dem Wolfgang Hildesheimer mitteilt, daß er jetzt nicht mehr schreiben werde, weil ihn das Entsetzen vor unserer Entwicklung auf dieser Erde lähme, dachte ich zuerst an Kassandra, wollte ihm fast schon einen Brief schreiben, beginnend *Lieber Kassandro*, aber dann rief mir Hildesheimers hingesagte Düsternis doch eine ganz andere Figur ins Bewußtsein: Tasso. Tasso lernt in Goethes Schauspiel nicht, mit der Wirklichkeit fertig zu werden. Er lernt nicht, sich zu fügen. Er benimmt sich falsch. Bis zum Schluß. Die Leute um ihn herum müssen sich viel Mühe geben, um ihn aus seinen Verletztheiten zu lösen. Ihm muß immer wieder verziehen werden. Auch leidet er an Verfolgungswahn. Nichts von dem trifft auf Hildesheimer zu. All das trifft auf Hildesheimer zu. Aber eben nicht als höfischer Benehmenskonflikt am Hof von Ferrara, sondern als Unvereinbarkeit eines Schriftstellerdaseins mit dem Lauf der Welt. Hildesheimers hingesagte Angst zeigt, daß er dem wirklichen Torquato Tasso ähnlicher ist als der gewaltig verschönten Goethefigur. Goethe mußte eine alles dämpfende Versdecke über das wirkliche Leiden eines Dichters des 16. Jahrhunderts werfen, um seinen eigenen Zeitschmerz durch Vergleich fassen zu können. Ach was, Tasso! könnte jemand einwenden. Wenn schon eine Verständigungsfigur, dann Galilei! Hildesheimer addiert doch Errungenschaften unserer Zivilisation und sieht das Ergebnis als Apokalypse! Es geht nichts mehr. In der Tiefe seiner Niedergeschlagenheit sehe ich ihn aber doch als Tasso. »Nein, alles ist dahin!« klagt der bei Goethe. Aber jetzt kommt das Neue. Tasso konnte noch sagen: »Nur eines bleibt: Die Träne hat uns die Natur verliehen . . .« Tasso ist besser dran als der Rest der Menschheit. Es fällt der Satz, man muß schon sagen: das Zitat, die Tasso-Formel, die auch schuld dran ist, daß mich Hildesheimers hingesagter Abschied an Tasso erinnerte: »Und wenn der Mensch in seiner Qual verstummt, Gab mir ein Gott zu sagen, wie ich leide.« Das ist jetzt der sensationelle Unterschied: Auf dem Lustschloß Belriguardo, in Weimar, auf Duino, selbst in Prag und Biel und noch in Köln waren die Tassoiden immer ein bißchen besser dran, weil sie's sagen konnten. Der Weise von Poschiavo sagt plötzlich, er könne es nicht mehr sagen. Er hat soviel Statistik, soviel Information, er sieht so schwarz – das lähmt ihn. »Ich glaube, daß in wenigen Generationen der Mensch die Erde verlassen wird, das heißt auch der Hildesheimer-Leser.« Würde er weiterschreiben, wenn er wüßte, die nähmen Hildesheimers gesammelte Werke mit auf die Raum-Reise? Ich will ihn nicht mit dem einzigen Witz quälen, den er sich in seiner hingesagten Trostlosigkeit noch durchließ. Ich erfuhr durch dieses Interview, daß die prophetische Ader mir fehlt. Zur Prophetie braucht man ja nicht Statistik oder Information. Zur Prophetie braucht man, sage ich banal, Pessimismus oder Optimismus. Beides fehlt mir. Ich ließ meine Schwester, eine Hildesheimer-Kennerin, das Interview lesen. Sie: Der neue Hildesheimer! Prophetie sei eine Literaturform, immer gewesen. Prophetie sei die höchste Form der Fiktion. Ich: Aber er sagt doch, daß das »reale Grauen« fiktiv nicht mehr dargestellt werden könne. Sie: Ja, das ist dasselbe, wie wenn früher einer seinen Roman in den nachgelassenen Papieren der lübeckischen Kommerzienrätin Letztergroschen gefunden haben wollte. Prophetie, das sei der neue Hildesheimer. Ich: Aber keine Prosa mehr, nichts als ein trostloses Interview! Eben das gehöre zum neuen radikalen Hildesheimer, so abgewandt wie möglich. Ich dagegen glaube, Hildesheimer hört auf. Er nimmt das Wort Endzeit ernst. Mich hat es allerdings auch immer zu wenig gewundert, daß Leute, die unsere Zeit Endzeit nennen, immer noch ein Buch und ein Stück nach dem anderen schreiben. Im Untergang so emsig! Das hätte einen viel mehr wundern sollen. Ich würde nie behaupten, wir lebten in KEINER Endzeit, wenn nicht andauernd behauptet würde, daß wir in einer Endzeit leben. Wie lange ist es schon fünf vor zwölf? Ich würde mich, auch wenn ich wüßte, daß das Schiff auf dem ich fahre, *Titanic* heißt, bei der Bordkapelle bewerben. Mich hindert erkenntnistheoretische Befangenheit, in der Möglichkeit einer hausgemachten Apokalypse die Endzeit selber angebrochen zu sehen. Mich hindert auch – das wage ich kaum zu gestehen – der Appetit, den ich heute habe, daran, mir das Aufhören allen Appetites vorstellen zu können. Es wird nach mir noch ungeheuer viel Appetit geben. Glaube ich. Meine Schwester, die gern prophetisch dilettiert, behauptet, unsere Erde halte bis zum Jahr 24 327. Hildesheimer gibt uns nur noch ein paar Generationen. Einige der besten Autoren, sagt er, haben aufgehört zu schreiben. Und zwar aus seinem Motiv. Nicht nur der Mensch verstummt, sondern auch Tasso. Koeppen nennt er und Grass. Koeppen ist über die fünfundsiebzig hinaus. Da dürfte man, finde ich, verstummen, ohne daß jemand sich zum Interpretieren eingeladen fühlen muß. Günter Grass ist mit Feuer und Flamme Akademie-Präsident, engagiert sich im Schriftstellerverband, übt also Tätigkeiten aus, die nur sinnvoll sind, wenn Schreiben irgendeinen Sinn hat, für den Schreibenden oder für andere. Ich glaube nicht, daß er diese Organisationsarbeit für das Ausdrucksgewerbe tun würde, wenn er selber ausgestiegen wäre. Wahrscheinlich kann den Ausstieg oder das Aufhören nicht einer für einen anderen formulieren. Das muß einer schon selber tun. Als letzten Kundendienst sozusagen. Es gab immer schon Verstummende. Mehr als einer hat, weil er keinen Roman mehr schrieb, gesagt, der Roman sei tot. Andere haben, obwohl der Roman tot war, weiter Romane geschrieben. Andererseits: die Trauer, die Wolfgang

Hildesheimers Interview ausströmt, ist unwiderlegbar. Der Kollege *Hg.* in der NZZ hat unterstellt, ein Autor, der sein Aufhören so mitteile, wolle das als »Druckmittel« einsetzen, um die Mächtigen zu einem freundlicheren Kurs zu zwingen. Ihm hat sich nicht Tasso, sondern Lysistrata aufgedrängt. Als wäre Hildesheimer so naiv zu glauben, Schweigen sei ein »Druckmittel«. Ich gebe zu, etwas Aufreizendes hat dieser hingesagte Ladenschluß. Aber muß man das gleich gegen den Provokateur verwenden! Mich provoziert die hingesagte Trostlosigkeit meines Kollegen in Poschiavo zur Verteidigung meines bzw. unseres Weitermachens. Muß man alles begründen können? Ich glaube sogar, begründen muß man nur, wenn ein direktes, unmittelbares Motiv fehlt. Daß man ißt und trinkt, muß man nicht begründen. Andererseits: Hildesheimers Trauer bleibt unwiderlegbar. Es ist, wie wenn ich auf dem Weg zum Tennisplatz einer Beerdigung begegne. Ich geniere mich. Ein bißchen. Ein bißchen schon. Aber nur ein bißchen. Nach dem ersten Ballwechsel interessiert mich dann nichts mehr als dieser hin- und herfliegende Ball. Er mobilisiert Illusionen. Freundliche. Es gibt furchtbare Illusionen. Ich bin auf der Seite der freundlichen. Ich bin parteiisch. Freundliche Einbildungen sind gesünder. Mir liegt an Gesundheit. Im Augenblick. Von einem Augenblick zum anderen. Prophetie ist unwiderlegbar. Tennisspielen auch.

Deutsches Stilleben

Eine so vollkommene Bewegungslosigkeit muß gemalt werden. Drüben, die mehr oder weniger roten Früchte; hier, von Schwarz bis Grün ein reines Farbenlager. Und alles in einer zersprungenen Schale, deren zwei Hälften so auseinandergekippt sind, daß die Bruchränder gegen einander in die Höhe ragen. Die Welt ist glücklich mit dieser kaputtgemachten Schale; ihr können die Bruchränder gar nicht scharf genug gegen einander stehen. Und die Deutschen? Da muß jeder von sich ausgehen. Ich wünsche uns eine polnische Hartnäckigkeit, damit wir die Teilung national überleben. Aber schon das zu wünschen ist unstatthaft für den Deutschen. Der Deutsche soll sich daran gewöhnen, keiner zu sein. In diesem Sommer fiel mir die eingeübte Willfährigkeit gegenüber diesem Auslandswunsch schwerer als je zuvor. Als gemeldet wurde, in Moskau kritisiere man Honeckers Einstellung zur Bundesrepublik durch selektives Zitieren, spürte ich eine nationale Versuchung. Natürlich hätte ich mir sofort sagen lassen können, daß in Bonn ja nicht mehr die Brandt-Bahr-Schmidt sitzen, sondern eine CDU-Mannschaft, die beim Dirigenten Adenauer eine Chorausbildung genossen hat; die haben das Lippengebet des 17. Juni-Rituals drauf; das ist der alles verhindernde Wortschatz des Kalten Krieges. In der werktäglichen Wirklichkeit soll der Deutsche die Nationalitätenfrage durch ein Touristikprogramm ersetzen. Leute, die mit Genuß Engländer, Franzosen, Italiener sind, wachen genußvoll darüber, daß der auseinandergeschnittene Deutsche halbiert bleibt. Das Selbstbestimmungsrecht, das von allen Menschenrechten jetzt überall für das höchste gehalten wird – die Deutschen sollen es nicht haben. Gut, Afghanistan hat's auch nicht. Aber Afghanistan will man's verschaffen.

Man boykottiert, agitiert, vergießt jede Sorte Tränen. Wenn die Deutschen Polen wären, dann müßte man sie seriös bedauern, dann wäre das ja eine polnische Teilung; wenn Deutsche mit Deutschen zusammen sein wollen, dann ist das, belehrt uns jetzt der italienische Außenminister, *Pan-Germanismus*. Das allerdings haben unsere Christlichen in Bonn nicht verdient, daß sie von ihrem Italochristen so geschmäht werden; sie haben sich noch keiner wirklich zählenden deutsch-deutschen Handlung schuldig gemacht. In diesem Augenblick, in der 39. Woche 1984, wäre Honecker in Bonn! Man darf annehmen, daß er gern gekommen wäre. Diese Woche wäre ein Datum geworden, ein nationales. Der CDU-Fraktionsvorsitzende sagte über den Eingeladenen rechtzeitig herabsetzende Sätze, die von der Ostmacht als Grund für die Absage genutzt werden konnten. So wurde dem Deutschen Honecker erspart, auf Moskaus Geheiß daheim bleiben zu müssen. Ich würde mich sehr freuen, wenn in diesem Augenblick Honecker in Bonn wäre. Ich bedarf wirklich der einträchtig krassen Belehrung durch den Italochristen und die *Prawda*. Der glücklich verpfuschte Besuch wurde international genutzt, den Deutschen die Rechtfertigung ihrer Halbiertheit wieder einzubleuen. Die *Prawda* nannte da die deutsche Teilung ein Ergebnis des »großen Sieges der Völker im Zweiten Weltkrieg«. Wer Zweifel hat an der Rechtfertigungskraft eines Sieges, der ist natürlich ein Revanchist. Wer das deutsche Schicksal nicht ein für allemal als Hitlerfolge sehen will, ist ein Nazi. Und für Hitler gibt es keine irdische, gar historische Ursache, sondern bloß eine Schuld, und die hat der Deutsche. Um mich selber nicht so verächtlich zu finden, wie mich der und jener frühere Freund inzwischen findet, halte ich mir zugute, daß ich nicht ununterbrochen national empfinde. Ich versuche, mir einzureden, daß ich, wenn nicht alles so entsetzlich gelaufen wäre, meine Nationalität in den Kasten gehängt hätte, in den man Hemden und Hüte hängt, die zum Tragen zu feierlich, aber zum Wegwerfen zu teuer sind. Ich schmeichle mir, Zentralismus sei mir fremd. Meine Muttersprache verhält sich zum Hochdeutschen wie der Baum zum Brett! Aber wenn ein inländischer Verächter aus S. mich Revanchist nennt und der feine feuilletonanierende Herr in H. sagt *Nazi*, dann gehe ich in die Knie. Mit mir noch ein paar Millionen Deutsche. Wir geben uns sofort wieder ganz re-educated. Wir täuschen die Welt. Wir tun so, als sei die deutsche Seele mit dem Psychopharmakon Marktwirtschaft abzufinden. Unsere Brüder in der DDR machen es so: sie lassen von ihrer Partei einen Internationalismus anfertigen, an den sie sowenig glauben wie die, die ihn erfanden. Die deutsche Seele, ob sie schwarz oder rot heuchelt, ist unglücklich. Wenn Brandt-Bahr-Stoph-Schmidt-Honecker wirkliche Schritte taten in dem nationalen Schmerzens-Gelände, das durch die Wiedervereinigungs-Phrasen des 17. Juni schon unbegehbar zu sein schien, dann hofften wir eben doch recht deutsch, wir Unverbesserlichen. Honecker kommt! Das war jetzt wieder so eine gefährliche Nachricht. Ich war sofort aus dem zugewiesenen Armesünder-Häuschen. Sofort entfalten dann wie giftige Blumen die Wörter Thüringen und Sachsen und Nietzsche und Naumburg ihre bös bezaubernde Kraft. Aber zum Glück ist alles verhindert worden. Honecker ist nicht da. Die deutsche Frage ist wieder in ihre reine Lippengebetsform zurückgekehrt. Die FAZ hatte das letzte Wort: »Schweigen ist das nationale Gold«. Ein einziger wollte diese September-Abtreibung zu einer wirklichen Bewegung nutzen: Dr. Schily von den Grünen. Wir sollen, sagt er, den Vorsatz zu unserem Grundgesetz abschaffen, der uns die nationale Einheit als deutsche Hausaufgabe aufgegeben hat. Dr. Schily will realistisch sein. Ich nicht.

Der heilige Schein

Daß etwas furchtbar falsch gelaufen sein muß, sehe ich daran, daß Barzel mir leid tut. Den Ausschlag gab ein ap-Photo; darauf, ganz rechts vorne, überhell, das vor sich hin mümmelnde Profil Kanzler Kohls; links, weiter hinten, Rainer Candidus Barzel, praktisch nicht mehr wiederzuerkennen: nicht mehr smart oder pathetisch geschwollen, sondern mit schreckgroßen Augen zu seinem Kanzler hinstarrend. Unterschrift: »Vor Beginn der CDU-Präsidiumssitzung: Vergeblich sucht Rainer Barzel (links) den Blickkontakt zu seinem Parteivorsitzenden Helmut Kohl.« Damit wußte man, obwohl der noch immer alles »eindeutig« widerlegen wollte, der ist erledigt, mit dem will ein Ehrenmann nichts mehr zu tun haben. Der kam zwar 30 Jahre lang in Frage für unsere allerhöchsten Ämter, aber wer es gut mit sich meint, der läßt sich jetzt nicht mehr auch nur bei einem Blickwechsel mit dem erwischen bzw. photographieren. Seitdem hat sich der sogenannte Sturm der Entrüstung erhoben. Vom Bundespräsidenten bis zum Lokalredakteur hechelt jeder von der dringend nötigen Reinigung und Selbstreinigung. Wären wir ein lebhafterer Schlag, würden wir uns Kleider zerreißen und Haare raufen. Und der Gestürzte, dieses Inbild bürgerlichen Tartuffetums, kann einem zum ersten Mal leidtun. Zum ersten Mal interessiert er mich. Jetzt sind auf einmal alle gut, nur er nicht. Mich erinnert das an das Jahr 73, als Nixons Vize Spiro Agnew abgehalftert wurde. Wie unser Candidus konnte Agnew vorher den Mund nicht voll genug kriegen, wenn er die schweigende Mehrheit (der in Bonn sagte immer: die Menschen draußen im Lande) aufmöbelte gegen Intellektuelle, Linke usw. Kickback, bribery, tax evasion: diesen Wortschatz verdanke ich dem Sturz Agnews. Barzels Sturz verdanke ich das Spektakel einer Selbstgerechtigkeitsorgie. Oder sind die wirklich alle so gut, wie sie sich jetzt vorkommen und aufspielen? Oder darf man weiterhin annehmen, gut ist man nur, weil im Augenblick niemand daran interessiert ist, alles, was das Gegenteil bewiese, zusammenzutragen? Die französische konservative Stimme führt mit dem Refrain *Und die Grünen sind trotzdem schlimmer!* das konservative Moralgastspiel im Lichte der Öffentlichkeit in den Alltag zurück. Das Leben geht weiter. Und zwar genauso wie zuvor. Die Moral-Mimikry wird überholt, die Rechtschaffenheits-Karosserie wird überzeugender gestaltet. Von Barzel distanziert sich jetzt ganz Deutschland (= BRD + DDR), weil es sich nicht mehr verbergen ließ, daß er immer das Gegenteil von dem predigte, was er in der (finanziellen) Wirklichkeit tat. Ein guter Mensch würde nicht so reden und anders handeln. Aber: wer oder was in dieser Welt darf von uns fordern, daß wir gut seien. Keiner von denen, die sich über den Ertappten erheben, könnte das Wort *gut* mit einem Inhalt versehen, der nicht aus dem Leistungsprinzip stammt. Der Ertappte hat nicht gegen die Gesetze verstoßen. Er hat nur anders gehandelt als geredet. Wie jeder. Jeder dehnt das Gesetz, bis es seufzt. Ich kann nicht einsehen, daß ein höherer Beamter oder Politiker eine höhere Moral haben soll oder darf als ein nicht so hoher. Ja, in Preußen, damals, kategorischer Imperativ, der Staat als das absolut Sittliche: da wurde ein Benehmen verlangt, das über alles Beschreibbare hinausging. Im Guten und Bösen. Der Krüppel Jalta-Deutschland ist das Ergebnis. Jemand, der in einer Sechszimmerwohnung in Berlin aufgewachsen ist, sagte jetzt zu mir, Barzel betreffend: Früher hätte so jemand die Pistole genommen. Ich sagte: Jetzt nimmt er die Pension. Recht hat er. Ich behaupte nicht, daß ich mich wohlfühle in einer Gesellschaft, die von der Substanz lebt. Aber wir leben von dem, was die Religion mit ihrer Himmel- und Hölledressur angesammelt hat, was Staat und Gesellschaft aus diesem Fundus an Anspruch erwirtschaftet haben. Man schämt sich, einer Tierart anzugehören, die auf eine solche Dressur anspricht. Edlere, wie Sokrates und Kant, wollten uns eine Begabung zum Gutsein einreden. Das wäre natürlich wunderbar, wenn wir so wären, daß wir es vorzögen, gut zu sein. Aber ohne daß man uns ein strafendes Gewissen einbaut, wollen wir nicht gut sein. Seit Freud sind die Erklärungsversuche immer komplizierter, also unverständlicher geworden. Ethik ist etwas für Lehrstühle. Professoren läutern Vokabulare bis zum Reinheitsgrad Unbrauchbarkeit. Mir kommt es vor, als sei das sogenannte Gewissen jetzt am Zusammenbrechen. Das Gewissen braucht Nahrung: Gott oder Vaterland oder ... Ökologie oder ... Warum soll einer ein gesundes Nahrungsmittel produzieren, wenn er mit einem schlechten besser verdient? Soll er gut sein, auf seine eigenen Kosten? Wir haben nichts mehr, was uns zurückhält. Ein mitteleuropäischer Bankier verwaltet das blutbefleckte Geld eines ausländischen Diktators. Unsere Wirtschaft profitiert von dem Blutgeld. Also geht es uns gut. Warum sollen wir gut sein, wenn wir es nicht von der Steuer absetzen können? Das Gewissen ist in Pflege beim Max-Planck-Institut. Da wird es umgestellt auf Fremdwörter. Wir haben unsere Ruhe. Ich habe dem Bankier und dem Nahrungsmittelproduzenten nichts vorzuwerfen. Ich stelle mir vor, jemand, der gut ist, findet einen, dem er etwas Gutes tut, anstatt daß er einen findet, dem er etwas vorwerfen kann. Zu meiner Entschuldigung eine Erfahrung: Wenn einem von den Verwaltern des Leistungsprinzips bescheinigt wird, man sei gut, dann schwinden die aus früherer Dressur stammenden Gewissensbisse rasant. Wenn ich aber in der Berufsleistung nicht gut bin, bedroht mich die Gesellschaft, bedrohen mich ihre dafür tätigen Kontrolleure sofort ganz massiv; bis zur Existenzvernichtung bedrohen sie mich. Mein Selbstwertgefühl vernichten sie. Meine sogenannte Identität ist lei-

stungsabhängig und nicht abhängig von meinem moralischen Verhalten. In meinem Berufsfeld ist Bösesein allerdings
schon so schick, daß ich mich sehne nach einem Grund, gut
zu sein. Oder sogar nach grundlosem Gutsein. Aber allein
schafft das keiner, red' ich mich heraus. Der Marxismus mit
seinen altreligiös verblendeten Ansprüchen hat sich als vollkommen unfähig erwiesen, *den* Menschen gut zu machen.
Der Westen hat sich einer wertfreien, eher unguten Lei-
stungselite ausgeliefert. Wir haben so viele Moralen wie Automarken. Unser Verhältnis zu allem Moralischen hat kein
Professor so genau formuliert wie der amerikanische Fuß-
ball-Trainer, der sagte: Sportmanship is great but there is
nothing greater than winning.

  Als ich neulich an einem Tisch saß mit führenden Intellektuellen (Professoren, Präsidenten) und auf der Speisekarte ein
Parfait entdeckte und es bestellte, weil dabeistand *hausge-
macht*, bewirkte ich mit meinem treuherzigen Glauben an die
Wahrheit dieser Angabe große Heiterkeit. Der Konsum
bringt es an den Tag: wir können uns offenbar nichts Gutes
mehr leisten. Das Fleisch, das Medikament, die Möbel, die
Stoffe, die Luft, es würde einfach zuviel kosten, wenn das alles noch gut sein sollte. Den Handwerker des 19. Jahrhunderts, dessen Möbel einige von uns als grotesk teure Anti-
quität bezahlen, gibt es als Zeitgenossen nicht mehr. Immer
wieder einmal leuchten Panikblitze die Moralität unserer
Produktionssphäre aus: Asbest, Dioxin, Formaldehyd, Hor-
mon-Mästung. Gutsein lohnt sich nicht. Seit der Himmels-
lohn nicht mehr zieht, wird hier etwas Gutes fast unbezahl-
bar. Deshalb sitzen wir am Tisch und können keinem Wort
und keinem Wert mehr trauen. Alles ist verbraucht, die Wörter und die Sachen. Und da soll ausgerechnet ein Politiker gut
sein? Nein, soll er ja gar nicht. Er soll sich nur nicht erwischen lassen. Das gehört zum Leistungsprinzip: eine makel-
lose Moralkarosserie. Wahre deinen Heiligenschein! Wer

61

hoch bezahlt wird, der muß alles so hinkriegen, daß er aussieht, wie Barzel und Agnew vor ihrer Entlarvung ausgesehen haben: so wie jeder von uns aussieht, solange keiner an seiner Entlarvung interessiert ist. Alles was wir wahren müssen, ist unser Gesicht. Das heißt, alle Moralansprüche der Leistungsgesellschaft an uns sind rein kosmetisch. Daran wollen wir denken, wenn die Herren vor lauter Rechtschaffenheitseifer ins Lispeln geraten: Sie meinen es nur kosmetisch. Diese Kosmetik ist unser Summum Bonum. Ohne das stehen wir ziemlich entblößt da. Kaum hat Barzel sein Gesicht verloren, hat er meins.

Die Weihnachtssprayer

Meine Schwester sagte am Telephon: Moni Lüttge gibst du meine Adresse nicht! Ich sagte: Ich habe sie ihr schon gegeben. Darauf die Schwester: Dann zieh' ich um! Das hat sie nicht getan. Aber sie ist, sagte sie mir später, in der Zeit, in der jene Moni in New York war, wo die Schwester wohnt, nicht ans Telephon gegangen. Die Schwester und Moni waren miteinander im Internat. Moni trug Schuhe aus Italien, die fünfmal so teuer waren wie die Schuhe meiner Schwester. Moni verbrachte ihre Ferien immer in der Karibik oder in Florida. Moni produzierte sich bei Festen des Internats in Solotanzdarbietungen. Ich habe diese Moni nie gesehen, aber im Lauf der Jahre wurde sie mir genauso widerwärtig, wie sie meiner Schwester gewesen sein muß.

Was heißt eigentlich *verzeihen, vergeben*? Ich weiß es nicht. Ich kann nur vergessen oder drandenken. Und wenn ich drandenke, ist alles wieder da, frisch, scharf, als wäre keine Zeit vergangen. Unser Gedächtnis für Unangenehmes ist keine Luxusausstattung. Wir sollen meiden lernen. Anlässen für solche Unvergeßlichkeiten sollen wir künftig aus dem Weg gehen. Wenn ich jene Moni am Telephon richtig verstanden habe, dann hätte sie von meiner Schwester in New York irgendeinen Rat gebraucht. Wer weiß, wie es ihr geht. Eine Tänzerin ist sie nicht geworden. Vielleicht hat sie ein Schuhgeschäft in Mailand, ist bankrott, geschieden, krank. Meine Schwester: Interessiert mich nicht! Ist mir egal! Ich widersprach, aber ich verstand. Wenn ich etwas verstehe, dann die Unfähigkeit zu vergessen. Was mich immer wieder wundert, ist die Willkür dieses Gedächtniswesens. Ich kann auch vergessen. Wie könnte ich sonst noch leben! Aber das Beunruhigende: Ich habe nichts zu sagen in meinem Gedächtnis. Es folgt mir überhaupt nicht. Es gibt Kerle, die mir übel mitgespielt haben, ich treffe sie, mein Gedächtnis schweigt. Erst wenn ich wieder allein bin, fällt mir ein: Moment, das war doch der und der, der hat dir doch das und das getan. Dann taucht ein anderer auf, und sofort serviert mir mein Gedächtnis randscharf, was ich diesem Kerl Nr. 2 ewig nachtragen und ewig übelnehmen soll. Kerl Nr. 2 ist aber kein bißchen schlimmer als Kerl Nr. 1. Ich kann nichts machen gegen mein Gedächtnis. Kerl Nr. 1 wird nichts nachgetragen, den mag ich sogar. Kerl Nr. 2 werde ich hassen bis ans Ende. Am peinlichsten wird das zur Weihnachtszeit, wenn man auf Schritt und Tritt den Friedenssprayern in den Weg läuft. Da soll ich also pausieren, mitsummen, verzuckerte Kärtchen schreiben an Leute, die mir das ganze Jahr die Säure mehrten! Mein Gedächtnis macht nicht mit. Leider. Das Peinlichste: meine Gedächtnisnarben werden richtig nervös, wenn sie den allgemeinen Weihnachtsspray spüren. Gut, wenn ich jetzt im frisch verschneiten Bergwald Kerl Nr. 2 träfe, den mein Gedächtnis so scharf unter den Unholden führt, dann wäre ich wohl nicht fähig, ihn so anzuschauen, wie er es eigentlich verdient. Aber das bräuchte ich schon: Bergwald, Sonntagmorgen, frisch verschneit, er und ich, allein, zwei frömmelnde Hirsche. Ohne solche mildernden Umstände will mein undurchschaubares Gedächtnis nicht pausieren. Wenn ich, von all dem Spray und Schimmer angekränkelt, ihm feiertägliche Friedfertigkeit vorschlage, sagt es: Nein, danke. Schrecklich, ein so ganz und gar werktägliches Gedächtnis, das keinen Feiertag halten will! Ich glaube fast, der Pfarrer, der mich taufte, hat nicht aufgepaßt, er hat die Stelle, unter der das Gedächtnis sitzt, nicht mitgetauft. Und auf ungetauften Stellen hält eben kein frommer Spray.

Was ist neu am Neuen Jahr?

Im Januar bietet der Kalender die Illusion an, man habe mehr Zeit vor sich als im Dezember, und schon ist man mit Verbesserungsstrategien beschäftigt. Nun meldet aber die konkreteste Aussage, die es über die Hölle gibt, der Weg zu ihr sei mit guten Vorsätzen gepflastert. Darin höre ich immer deutlicher, daß man sich nicht von Zielen leiten lassen soll. Alles was uns zum Ziel gemacht wird, um unser gegenwärtiges Betragen zu beeinflussen, alles was Versprechungscharakter hat, alles Utopische macht mich mißtrauisch. Ich gebe zu, das war nicht immer so. Ich meine auch nicht, daß ich, bitte, den Himmel gleich jetzt will. Ich fürchte aber, die bedeutenden Menschen, die uns mit Himmel beziehungsweise Utopie bessern wollten, haben sich bei ihren Beschäftigungen unwillkürlich zu etwas hinreißen lassen, was nicht gelingen kann: sie haben Zukunft vergegenständlicht, das Heil beschrieben, als kennten sie's. Paradiesbeschreibungen sind, je konkreter sie sind, um so lächerlicher oder auch um so schlimmer. Es gibt nichts Verletzenderes als Vorwegnahme, Vorhersage, Prophezeiung, Festschreibung der Zukunft per Utopie. Obwohl mein Verständnis für ungegenständliche Kunst nur schwach entwickelt ist, gibt es Gegenstände, die ich nur in ungegenständlicher Auffassung ertragen mag. Wer malt, wie's im Himmel aussieht, schadet dem Himmel. Selbst Gott bekommt Porträtiertwerden nicht. Das wird auch der Gläubigste nicht bestreiten wollen.

Ich möchte mich nicht leiten lassen durch Zukunft, sondern durch Vergangenheit, also durch Erfahrung. Viele Erfahrungen sind aufgeschrieben. Unendlich viel mehr Erfahrungen sind eingegangen in jeden Händedruck, in jede Treppenstufe, ins Wäscheseil und ins Pfeifen im Wald. Wir haben doch gar keinen Sinn für Zukunft. Es waren immer gegenwärtige Höllen, die die Menschen veranlaßten, zukünftige Himmel hervorzubringen. Aber die Paradiespropagandisten machen einen Sprung, statt einen Schritt. Wenn ich mich nach Vergangenem verhalte, weiß ich nur, was ich nicht mehr will. Ich weiß nicht, wie Zukunft aussehen soll. Nur daß sie so wie gehabt nicht sein soll, das weiß ich. Da weiß ich mich eins mit einem Meister des sittlichen Experiments: mit Sokrates. Sein Daimon, seine innere Stimme, habe ihm immer nur gesagt, was er NICHT tun soll – *zugeredet aber hat sie mir nie.* Über das, was ich nicht tun soll oder darf, kann ich, muß ich mit anderen reden, mein Daimon trägt die Gesichtszüge von Mutter, Vater, Frau Maier und Herrn Schmid. Was ich tun darf, soll oder muß, darüber will ich mit keinem reden. Das ist meine Sache. Es ist wenig genug, was ICH tun kann. Wer mich aber durch utopische Norm dirigieren will, der will mich dressieren, auch wenn er mich zum besseren Menschen machen will. Die Partei, die die schlimme Herrschaft einer christlichen Religion abschaffte, um dann mit Hilfe einer atheistischen Religion zu herrschen, zeigt mir, daß es besser ist, sich von Erfahrungen als von Zielen leiten zu lassen. Erfahrungen stammen aus der Hölle des Gehabten und ergeben bessere Leitplanken als die Himmel des Gewollten. Trotzdem lasse ich mir in jedem Januar einreden, es gebe ein NEUES Jahr. Und schon regt sich der Wunsch, die entsetzlichsten Fehler des letzten Jahres im neuen Jahr nicht zu wiederholen. Wenn es mir einmal gelänge, einen alten Fehler zu vermeiden, wäre ich glücklich; auch wenn er nur einem neuen Fehler Platz machen würde. Das einzig Neue am neuen Jahr sind wahrscheinlich die Fehler. Und das ist des Neuen genug.

Tartuffe weiß, wer er ist

Es ist unvorstellbar, daß ein Volk sich selber so beurteilt, wie es vom Ausland beurteilt wird. Genausowenig kann sich ein einzelner das Bild zu eigen machen, das seine Umwelt von ihm hat. Was hielten wir aber von einem, der nach außen so tut, als sei er gierig, es allen recht zu machen, in seinem Inneren verbirgt er, was er wirklich ist? So kommt mir jetzt Deutschland vor. In Ost und West. Das Jahr 85 bringt es an den Tag. Wie sollen Sieger und Besiegte mit einander den 8. Mai feiern? Weil es der Bonner Regierung nicht gelungen sei, dem US-Präsidenten den Besuch der KZ-Gedenkstätte Dachau auszureden, begleite man jetzt Reagan dorthin. Die ideale Lösung: die deutsche Bevölkerung, Ost und West, verreist am 8. Mai an die Strände und überläßt das Land den Siegern für ihre Feiern. Wirkliche Probleme können sowieso nur noch von Reisebüros gelöst werden. Was jetzt in- und ausländisch diskutiert wird, ist Symbolregie. Der Bundeskanzler wird eines seiner beiden Selbstbesinnungsgesichter tragen und Mr. Reagan eine ergreifende Fernseh-Hand hinstrecken. Dazu Phrasen, deren Abgewetztheit nur noch durch ihre grundsätzliche Realitätsarmut übertroffen wird. Mich hat Geschichte, als ich sie studierte, auch nicht interessiert. Ich wachte erst auf, als ich sah, wie deutsche Geschichte täglich für Politik der Sack-und-Asche-Phrase geopfert wurde. Jetzt fühlt es sich an wie eine andauernd versäumte Pflicht, daß ich, alles andere als ein Historiker, nicht sage, wie mir diese Geschichte vorkommt. Kurz so: Unter den europäischen Konkurrenznationen startet Deutschland als letzte, wird erste, wird aber von einem Kaiser und einer Kaste regiert, die, ohne Bismarck, nicht mehr fähig sind, den deutschen Anspruch friedlich zu vermitteln. Kaiser und Kaste betreiben den Militarismus als Politik wie ihre europäischen Vettern auch; die notwendige Folge davon, der Krieg. Der ist also keine rein deutsche Veranstaltung. Versailles ist dann kein Friedensvertrag. Hitler ist ganz und gar eine Ausgeburt von Versailles. Die Behandlung Deutschlands durch die Siegermächte von 1918 bis 33 produziert in den Deutschen die Stimmung der in die Ecke getriebenen Ratte. Peter Bichsel schrieb neulich: »Und zudem gab es schon einmal ein ganzes Volk – vor 50 Jahren –, das seine Wurzeln bei den Germanen suchte und dem die Aufklärung ein Greuel war.« Jetzt die typische Inlandsabweichung vom Auslandsurteil: es waren keine aufklärungsfeindlichen Germanenspiele, sondern sechs Millionen Arbeitslose; Reparationen, die Plünderung waren; Elend und Radikalisierung im Gefolge. Die Germanen waren den Deutschen nicht wichtiger als den Kolonien gründenden Engländern das Christentum. Der deutsche Rassismus hätte sich ohne die Minderwertigkeit, zu der die Sieger Deutschland verurteilten, nicht zum Wahn gesteigert. So getreten, richtet man sich über jedes Maß auf. Der zweite Krieg ist, im Gegensatz zum ersten, eine rein deutsche Veranstaltung. Wenn aber Hitlerdeutschland nicht durch Germanenkult, sondern durch Versaillesdiktat entstand, dann ist der zweite Krieg eine Folge des ersten. Aber der Sieger reagierte wieder nicht viel vernünftiger, als der zu Züchtigende war: Deutschland wird geteilt. Und das soll jetzt gefeiert werden. Eine Gemeinschaft, egal ob Volk oder Gesellschaft, die sich nicht traut, ihre Geschichte selber so zu schreiben, wie sie sie empfindet, ist wie ein Mensch, der sich von Ärzten sagen lassen muß, wer er sei. Den öffentlichen deutschen Zungen ist das Gefälschtsein zur Natur geworden. Andauernd zu wissen, daß wir Auschwitz veranstaltet haben, ist schwer. Wir bedecken die furchtbare Stelle mit Trauerflor und Pantomime. Zu sagen, wie es dazu gekommen ist, ist weniger feierlich. Statt einen einzigen Satz zu sagen, der greift, statt Geschichte, ein fernsehgerechtes Gebinde. Das Groteske, trotz allen Bequemungseifers sind die Deutschen dem Ausland nicht sympathischer geworden. Siehe Bichsel: »... mir scheint, sie haben sich mit dem Geld nur mehr Mief angeschafft.« Frau Reagan hat gesagt: »Wenn ich Studenten sehe, die Obszönitäten schreiben, muß ich an die Hitlerjugend denken.« Nun war die Hitlerjugend, was das Geschlechtliche angeht, sozusagen ganz sauber, aber wenn es eben einer Dame oder einem Herrn in der weiten Welt nicht ganz wohl ist, drückt er sein Unwohlsein gern durch etwas Deutsches aus. Sollte das nicht die Deutschen ermutigen, ihr politisches Tartuffetum zu beenden und einmal zu sagen, wer sie wirklich sind. Aber – das kann natürlich sein – vielleicht sind sie inzwischen niemand mehr.

Alte Praxis, neues Wort

Zum ersten Mal las ich das Wort, als der Oberbürgermeister von Köln vor ein paar Jahren seine Empörung ausdrückte über das Verhalten eines internationalen Konzerns. Der Oberbürgermeister fühlte sich enttäuscht, hereingelegt. Er hatte dem Konzern enorme Flächen lächerlich billig zur Verfügung gestellt, der Konzern hatte sich etabliert, aber jetzt, ein paar Jahre später, war in Amerika beschlossen worden, die Kölner Produktion nach Schottland zu verlegen. Der Oberbürgermeister schilderte, wie klug der Konzern operiert hatte, um möglichst wenig ins Gerede zu kommen. Der Oberbürgermeister sprach von einem *Szenario*. Fachleute hatten den Verlauf der schmählichen Handlung so ausgedacht, daß Gewerkschaften und Behörden keine Möglichkeit zur Einwirkung haben sollten. In Mittelamerika, las ich dann einmal in der Zeitung, verfahre USA nach einem »vietnamhaften Szenario«. Aber im Hause DUDEN, wo man der Sprache doch immer auf ihre aktuelle Ferse schaut, hat man diesen Import und Gebrauch noch nicht wahrgenommen. Im DUDEN steht *Szenar*: das seien »Angaben über Szenenfolge, das szenische Beiwerk«. Das ist zwar so überscharf, wie man das von diesem Hause gewöhnt ist, aber gedacht ist nur an das Darstellungsgewerbe. Auch der WEBSTER denkt bei *Scenario* nur an das Showbusiness. Wenn jetzt ein Multi oder ein Ministerium Szenarien entwirft, dann soll in der Wirklichkeit etwas Ungutes so ablaufen, daß der Auftraggeber gut dabei wegkommt. Im politischen Szenario wird beschrieben, mit welcher Formulierung man welchen Schritt begleitet, damit niemand merkt, was man in Wirklichkeit vorhat. Nicht jedes Szenario gelingt. Das haben Darstellungsgewerbe und Herrschaftsgewerbe gemeinsam. Zum

Beispiel mißlang der Bonner Regierung das Volkszählungs-Szenario. In der Politik dient ein Szenario oft dazu, durch Vorbeugung etwas zu produzieren, was ohne solche Vorbeugung gar nicht entstünde. Hat man dann das Übel per Vorbeugung zur Welt gebracht, kann man es publikumswirksam bekämpfen. Die Welt wimmelt jetzt von Siegfrieds, die selbstproduzierte Drachen erlegen. Für den heißen Herbst anno 83 gab es ein genaues Szenario des CDU-Generalsekretärs: 10 000 »Friedenstage«, »Streitgespräche« zum Thema Frieden, Nato-Doppelbeschluß und die Bergpredigt usw. Das Szenario funktionierte dann nicht, weil der Herbst, trotz andauernder Wiederholung der Vorbeugungs-Phrase vom Heißen Herbst, nicht heiß wurde. In einer freien Welt läuft nichts mehr ohne Szenarien. Was dem Feudalstaat der Plan war, ist der Demokratie das Szenario. In Goethes und Schillers Dramen kommen solche »teuflischen« oder »verderblichen« Pläne vor. So ein Plan hieß im schlimmsten Fall »Anschlag« oder »Intrige«. Es kam zwar auch darauf an, eine Schurkerei glimpflich über die Bühne zu bringen, aber nicht so glimpflich, daß die wirklich Betroffenen auch noch zustimmen sollten. Das ist unser Vorrecht. Die Szenarien, in denen wir eine Rolle spielen, haben den Ehrgeiz, so zu verlaufen, daß wir zustimmen. Unsere Reaktionen sind eingebaut in das Szenario. Reagieren wir so, dann ist der und der Schritt möglich. Reagieren wir anders, hält auch dafür das Szenario einen nächsten Schritt bereit. So geht es Schritt für Schritt, bis wir mitmachen, bis es so läuft, wie es laufen soll, bis das Ziel erreicht ist und es aussieht, als sei das alles unser Wunsch und Wille und Interesse, und nicht etwa eine Machtausübung im Interesse einer Partei oder eines Konzerns. Diese Szenarien werden nicht von Schiller und Goethe geschrieben, sondern von Programmierern und Psychologen. Das ist der Unterschied zwischen Orwells *1984* und unserer Wirklichkeit: wir werden nicht überwacht, sondern berechnet. Wir werden kalkuliert und dann einkalkuliert. Die Verfeinerung der Arbeitslenkung durch MTM (Methods-Time Measurement) ist die Anwendung des Szenarios auf den Arbeitsplatz. Die neueste Blüte der MTM-Logik heißt ANABES. Eine Werkleitung teilt mit: »ANABES ist ein dialogorientiertes Programmsystem zur Erstellung, Verwaltung und Beurteilung von MTM-Arbeitsplatzanalysen.« Aus den Kreisen der Betroffenen: MTM schaffe »eine Belegschaft von abgerichteten Gorillas«. Und noch ein Zitat aus dem *Revier* (vom 1. 1. 85): »Als wir vor 2 Jahren … die Japan-Studie von Opel in die Hand kriegten, da haben wir das wie einen Rationalisierungs-Krimi gelesen. Und dann stellten wir Zug um Zug fest, daß das gar kein Krimi, sondern allenfalls das Drehbuch zu einem Stück war, in dem wir Mitspieler, genauer Opfer sind.« Ein eigenartiger Erfolg des Darstellungsgewerbes: von vietnamhaften Erscheinungen in Mittelamerika über den Oberbürgermeister bis zum Opelwerk im Ruhrgebiet: das reale Geschehen wird wie ein schon dargestelltes erlebt. Gut, Shakespeare hat es gesagt, daß die ganze Welt nur eine Bühne sei. Aber jetzt sagt die Wirklichkeit, die Bühne sei die ganze Welt. Wir alle, »Mitspieler, genauer Opfer«, von Szenarien. Und die Arbeitsmarktwirtschaft demonstriert uns: der Arbeitslose sehnt sich nach dem Privileg, »Opfer« eines MTM-Szenarios zu sein. Alles ist besser als nichts. Bis auf tausendstel Sekunden werden da Bewegungen berechnet und dann erwartet. *Hinlangen, Greifen, Bringen, Fügen, Loslassen, Drücken, Trennen, Drehen, Blickverschieben, Prüfen.* Auch in den Krankheiten drückt sich der Zeitgeist aus. Ich hatte mehr als einmal mit Erkrankten zu tun, deren Krankheit darin bestand, daß sie glaubten, alles, was sie taten, sei von einer überlegenen Stelle geplant, berechnet, erwartet. Sie konnten nicht mehr zum Kühlschrank gehen, ohne das Gefühl, daß sie jetzt taten, was von ihnen erwartet werde. Und ihre totale Berechenbarkeit wurde ihnen zum Wahn und dann zum Wahnsinn. Die Vorstellung, nur noch denken zu können, was von andern erwartet, berechnet, ja sogar bewirkt wird, sich also total eingeplant und konditioniert zu sehen, ist nicht gut auszuhalten. Deshalb ist uns allen die Illusion, frei zu sein, so hoch und teuer. Daß wir frei wählen können! Zum Beispiel, zwischen zwei, drei oder gar vier Parteien und noch mehr Automarken und auch noch zwischen dem ersten und zweiten Programm. Je schwerer einem da die Wahl fällt, um so freier kann man sich fühlen.

Die Sekunde der Wahrheit

Mein kleinbürgerlicher Erzahn Jean Paul war zwanghaft und leidenschaftlich mit dem Zergliedern von Größe beschäftigt. Sogar die Schweizer Alpen – offenbar das Größte, was er kannte – seien, sagte er, genau betrachtet, nichts als eine Häufung von Kleinem, eine Summierung winziger Kristalle undsoweiter. Nichts ist so schwer wie die von Jean Paul empfohlene Übertragung dieser Optik ins Soziale, Politische, Historische. Der Macht kann man tausendmal nachsagen, aus was sie zusammengesetzt ist, sie hält sich für Größe schlechthin. Das ist sogar das Schlimmste an der Macht, daß sie sich, egal wie sie zustande kam, für etwas Höheres hält. Sie kann sich jeden Titel, jede Legitimation besorgen. Dazu ist sie ja Macht. Aber jede Macht, so meine Erfahrung, selbst die höchst legitimierte, ist schlimm. Macht gebrauchen, heißt schon, sie mißbrauchen. In unserem Jahrhundert probieren wir die demokratische Legitimierung der Macht aus. Aber offenbar braucht die Macht, jenseits ihrer jeweiligen Legitimation, immer auch noch Geld. Wir werden mit immer neuen Erklärungen des Verhältnisses von Geld und Macht bedient. Zur Zeit haben wir Festival. Macht und Geld, das alte Paar, muß, wegen ein paar Pannen, die passiert sind, eine Runde auf dem Parkett *Öffentlichkeit* drehen. Eine einstudierte Runde zwar, aber *Öffentlichkeit* ist immer noch das einzige Element, das sogar Macht nervös macht. *Wg. F.J.S.*: das ist eine Schriftgraphik, die in die Geschichte eingehen sollte. Nicht wegen der Millionen, die wegen Franz Josef Strauß bei Friedrich Karl Flick abgebucht wurden – sicher ist alles wieder einmal ganz legal zugegangen –, sondern wegen der Nervosität der Schritte unseres Tanzpaars Geld-Macht auf dem Parkett *Öffentlichkeit*. Eine historische Sekunde lang stand das Geld würdelos da, die Macht keuchte. FJS hat uns als Zeuge in eigener Sache mit geschichtsbuchreifen Sätzen belehrt. Schlagzeilen zeugend. *Strauß über Flick: Geld ja – Einfluß nein.* Das heißt, es ist immer noch so wie früher: der arme Reiche ist nach wie vor das Kamel, das nicht durch das Nadelöhr durchkommt. Diese armen Reichen, ob Horten oder Flick, bevorzugen deutlich bestimmte Politiker. Warum das, wenn es doch sowieso nichts nützt? Warum geben sie's dann nicht gleich der kommunistischen Partei oder der Mutter Theresa? Armer Horten, armer Flick, armes Kamel. Wenn es schon Einfluß gab, dann nicht vom Geld auf die Macht, sondern umgekehrt, von der Macht aufs Geld. Mehr als einmal sagt FJS, daß der alte Flick, einer der Erzkapitalisten dieses Jahrhunderts, auf dem Totenbett zu seinem Erzsohn *(FKF)* gesagt habe: »Bevor du größere Dispositionen triffst, unterhalte dich einmal mit Franz Josef über die politische Landschaft und über die Zukunftsaussichten.« Man sieht, genau das Gegenteil von dem, was der Marxismus predigt, ist der Fall. Nicht die Macht tanzt nach dem Geld, sondern das Geld nach der Macht. Nicht abzustreiten ist, daß sie mit einander tanzen. Aber wer führt? Eindeutig FJS! Er riet dem Erzsohn, in Nordamerika anzulegen. Vater Flick verliert mit dem ersten Krieg sein Oberschlesisches, mit dem zweiten sein Ostdeutsches, jetzt sei es für den Erzsohn Zeit, transatlantisch zu investieren. Natürlich motiviert man das konjunkturpolitisch. Aber die Ost-West-Richtung in der Wanderung des Erzgeldes durch unser Jahrhundert wird im Strauß-Fresko dramatisch deutlich. Wer wundert sich jetzt noch über die Milliardenströme, die uns seit Jahr und Tag hektisch verlassen und den Dollar blähen! Vielleicht steht die finanzielle Verkarstung Europas bevor. Aber wenn die mit ihrem Blähdollar dann unsere Fabriken aufkaufen, ist, wer im Dollar steckt, wieder dabei. Jede mobilisierbare Mark hinüber. Diversifikation wird also jetzt nicht mehr nach Branchen betrieben, sondern geographisch. Im Grunde tendieren wir alle zum Silikon Valley. Und wenn die ganze Welt in Kalifornien Platz hätte, wäre das die Lösung überhaupt. Jahrhundertelang sind die Armen ausgewandert, jetzt reist das Geld ab. Adieu. Da aber Macht ohne Geld doch Scheinmacht ist, frage ich mich, ob unsere Macht, die das Geld in den Westen dirigiert, nicht sich selber aushöhlt, also bloß noch eine Scheinmacht ist. Was jetzt Diversifikation heißt, kann man, slightly dramatizing, Flucht nennen. Und welche Tierart verläßt das gefährdete Schiff zuerst? Also die Schmeißfliegen sind's nicht. Ja, das hat Jean Paul noch nicht feststellen können bei seiner Zergliederung der Größe: diese nagetierhafte Überlebenstüchtigkeit der Großen. Sic transit Geld und Gloria von hier nach California.

Märzsätze und Musik

Wenn in Schaffhausen eine Frau mit einer Bürste am langen Stiel die Zugscheiben wäscht, wird aus Ende Februar sofort Anfang März. Ich fange unwillkürlich an, meine Brille zu putzen. Wenn ich auch für blitzblanke Scheiben bin, muß es März sein, das ist klar. Wenn unter jedem Baum auf dem alten Schnee, sorgfältig gehäuft, das Reisig liegt, das man gerade aus ihm herausgeschnitten hat, wenn die Bäume aussehen wie frisch vom Friseur, wenn der Acker aussieht wie Elsternerde, dann ist wieder Ende Februar. Wenn ich denke: was ich sehe, ist wichtiger als was ich denke! dann ist es aber März. Und ich sehe einen Turm mit grünem Dach und Turmuhrenzeiger wie aus Gold. Der winterliche Bussard, der mich vom öden Baum mißtrauisch angeschaut hat, weil er fürchtete, ich sei auch hinter seiner knappen Beute her, gehört in den Februar. Heute fehlt es an nichts mehr. Wo ischt as bald nümma föhnig, sagt eine Frau, die bis dahin noch nichts gesagt hat, ins Abteil hinein. Eine andere Frau sagt nach einer unermeßlich genauen Pause: Wie viele Leute gut verdienen, sehe man an den vielen Wagen erster Klasse. Sofort seh' ich es auch: an diesem Märzföhntag ist nichts so auffällig wie das Überhandnehmen der Ersteklassewagen. Die Allerweltssätze der Frauen im Abteil leuchten, wie sie nur an Märzföhntagen leuchten können. Was auch immer die Frauen ins Abteil sagen, ich habe das Gefühl, ich könne froh sein, daß ich gerade diese Sätze zu hören bekomme. Märzsätze! Jeder Satz ein Treffer. Mag man in anderen Branchen von Maibutter oder Weihnachtskarpfen sprechen. Schriftsteller wären ohne Märzsätze arm dran. Da es oft genug elend macht, einen Beruf zu haben, der einen, je länger man mit ihm zu tun hat, um so dürftiger dastehen läßt, da man also immer öfter den Zahnarzt beneidet, der, je länger er arbeitet, um so mehr Leute mit Zähnen lachen sieht, an denen er mitgewirkt hat, ist es angenehm zu empfinden, man habe das Erlebnis der Fülle und Schönheit eines Märztages auch einer im Beruf erworbenen Aufmerksamkeit zu verdanken. Aber das ist nur ein Pflästerchen auf eine ganz andere Wunde. In Wirklichkeit hat man die Fülle des Entgegenkommenden allein dem Umstand zu verdanken, daß man daheim ist. Ich war, zum Beispiel, einen März in New Hampshire, in einer warmen Holzhausfestung, von Wäldern weit umstellt, Tag und Nacht leuchteten aus den Waldwänden wie Geäder die Birken, der Fluß sträubte sich wild und weiß auf dem Stein, ums Haus fahles Feld, dürres Dickicht, nie gemähtes Gras; der Versuch des Alten, es dem Neuen schwer zu machen. Aber einmal, als ich morgens früh hinaussah, sah ich alles als Wildnis Amerika; das gab endlich den erwünscht heftigen Anhauch. Diese Wirkung stellte sich ein, weil ich als Kind Coopers Bücher gelesen habe, in denen in diesen Gegenden Trapper und Indianer und Soldaten kämpfen. Wenn dann die grellen Vogelscharen auf der Holzveranda landeten, staunte ich wieder tonlos. Weil das an nichts anknüpfen konnte. Ein Märztag ist nur einer, weil er sich auf tausend Märztage beruft. Ohne seine Vorgänger wäre er nichts. Jeder hat eine nicht zählbare Menge Märzbilder, -klänge, -farben und -wörter gespeichert, aber der heutige Märztag beruft sich nicht auf das erinnerbare Einzelne, auch wenn er darauf anspielt, berufen tut er sich auf das Vergangene schlechthin, auf die Voraussetzung überhaupt. Ich glaube, man ist tiefer eingebettet, als man feststellen kann. Wir sind weniger herausgefallen aus dem größeren Zusammenhang, als wir fürchten. Wir verstehen mehr, als wir wissen. Wir dürfen es nur nicht in jedem Augenblick wissen wollen. Wenn ich ein paar sich schmerzlich spreizende Geigen höre, wirkt das so genau nur, weil ich diese so schmerzlich, ja sogar drastisch sich spreizenden Geigen nicht zum ersten Mal höre. Ich kenne sie. Es taucht der Name Schubert auf. Schon zuviel! Such bitte nicht auch noch nach der Quartettbezeichnung. Das Wichtige hat schon stattgefunden: die Wirkung! Nicht das Wissen! Und die Wirkung beruft sich auf Früheres. Es gibt keine Wiederholung (das behauptet nur das Fernsehen), in Wirklichkeit ist jede jetzige Märztags- oder Musikwirkung eine lebendige Fortsetzung des einschlägig Vorangegangenen. Deshalb wird man doch in den Tropen mit Hinschauen nicht fertig. Man sieht alles zum ersten Mal. Aber da, wo man her ist, genügt eine Bürste am langen Stiel, ein goldener Zeiger in der Sonne, die frischgestutzten Bäume, der Elsternacker, und man ist eingestimmt und angeschlossen an den ältesten Ton. Man erlebt im Moment seine gewaltige Fundierung. Durch solche Momentpotenzierungen spürt man, wo man her ist. Mühelos, wenn auch schwer, spielt die Empfindung auf der ganzen eigenen Lebenszeit und sogar auf der davor. Was der Märzföhntag alles zum Aufleuchten bringt, ist in keinem anderen Medium faßbar. Jeder ist das einzige Medium seiner ganzen Geschichte und der davor. Schade vielleicht, daß wir auf dem Weg von der Haustür zu unseren täglichen Zielen so vielen Verkehrszeichen folgen müssen und dadurch nicht mehr ganz so wach sind für den ununterbrochenen Andrang älterer Zeichen. Aber drin sind wir noch. Wir sind nicht ganz anders als Bienen und Stare. Die Luft sagt uns was, der Glanz spricht, die Trübnis auch. Besonders im März. Und als ich aus dem Zug ausstieg und hastig zu meinem Termin rannte und wie immer zu früh dran war, also allein auf dem Platz, da kam ich mir natürlich wie ein Krokus vor, denn die Krokusse sehen doch immer aus, als seien sie zu früh dran. Sie sind dafür das Inbild.

In den April geschickt

Immer anfangs April weiß ich, daß ich einen Brief an so ein globales Büro in Genf oder Manhattan schreiben und vorschlagen sollte, den 1. April zum Weltsprachtag zu erheben. Noch besser: zum Weltlügentag bzw. Weltmedientag. Der heilige Hugo von Grenoble, dem der 1. April gehört, ist als Sprachheiliger geeignet, er hat die erste Schweige-Kartause gründen lassen und führt im Wappen den stummen Schwan. Für den metaphysischen *touch* wäre gesorgt. Mein Grund für die Einrichtung eines Sprach-, Lügen- und Medientages: die Lüge steht nicht in dem ihr gebührenden Licht. Die Lüge hat einen schlechten Leumund. Dabei ist sie ganz sicher viel lebensfreundlicher, schöner, notwendiger als die immer nackte Wahrheit. Die Wahrheit ist das, was nicht auszuhalten ist. Die Täuschung ist die Kulturform der Lüge. Es gibt keine ehrwürdige Tradition, deren Sinn es nicht wäre, uns über unsere wirkliche Lage hinwegzutäuschen. Die schönste höchste Täuschungstradition: die Religion. Nach dem Tod nicht zu den Würmern, sondern in den Himmel. Die Musik ist die zweithöchste Täuschungstradition. Das Zerstörendste, die Zeit, wurde eingeteilt mit Musik. Ohne Musik hört sich vergehende Zeit an wie ein WC im Betrieb. Schubert und Bach sind wirklich schmerzlich genug, aber es ist der Schmerz selber, der zum Genuß wird. Nichts süßer als die Todesweise. Mit Recht höhnt Händel: »Oh Tod, oh Tod, wo, wo ist dein Stachel nun, wo ist dein Stachel, oh Grab, wo deine Siegesmacht ...« Das *Grab* wird dann in Koloratur förmlich zersungen. Und was sind Parlamente anderes als Einrichtungen, in denen die Täuschung produziert wird, Macht lasse sich im Interesse von Mehrheiten verwalten. Nach wie vor ist Macht Macht. Sie wird ausgeübt im Interesse derer, die sie haben.

Dort ist es die Partei, hier das Kapital. Das Kapital darf einem wegen seiner wie Liberalität aussehenden Interesselosigkeit am Seelenheil lieber sein als die ihr Heil aufzwingende Partei, aber um Machterhaltung geht es hier und dort. Und Machtausübung läßt sich nicht legitimieren, nur verklären. Dazu sind wir da, die Medienarbeiter. Eine Zeit lang haben wir die Illusion diskutiert, mit Hilfe von Kunst die Wirklichkeit zu ändern. Jetzt sind wir wieder bescheidener. *Hamlet* dient nicht mehr dazu zu entlarven und zu ändern, was faul ist im Staat, sondern dazu, unsere Sorgen genießbar zu machen. Und ist die Psychoanalyse etwas anderes als die vielleicht sogar heilsame Vortäuschung eines Gesprächs? In den April Geschickte sind wir alle. Ich sehe nicht, wie uns etwas Höheres, Schöneres als Täuschung gelingen könnte. Die Philosophen können sich mit einer solch bescheidenen Fügung am wenigsten versöhnen. Einer nach dem anderen will die Täuschungstradition unterlaufen. Die Sprache soll so zum Sprechen gebracht werden, daß ihr nichts mehr passiert, was er nicht will: sie soll nun endlich und wirklich der Lage des Sprechenden entsprechen. Meistens endet das in einem neuen Vokabular. Wir brauchen immer neue Täuschungen. So schön es ist, Petrus am Himmelstor zu wissen, wir finden es inzwischen unterhaltsamer, in Becketts Mülltonnenewigkeit einzugehen. Der 1. April könnte auch der Tag des Kampfes gegen die Täuschung sein, ohne die unsere Lage unerträglich wäre. Unsere Geistesgeschichte zeigt, wie unsere Ansprüche an die Glaubwürdigkeit unserer Täuschungen steigen. Wer uns eine alte Täuschung zerstört, ist uns eine neue, bessere schuldig. Man nennt das Fortschritt. Das ist von allen Täuschungen, glaub' ich, die wichtigste.

Amerikanisches Allerlei

Ich gebe zu, daß ich froh bin, wenn ich in einem zum Unterschreiben zirkulierenden Aufruf etwas finde, was mir das Unterschreiben unmöglich macht. Man hat beim Unterschreiben immer das peinliche Gefühl, all dies Unterschreiben sei eine Pseudotätigkeit. Neulich wurde von ehrenwerten Kollegen ein Aufruf herumgeschickt zu einer Demonstration gegen den jetzt bald bei uns landenden Reagan. Zu meinem Glück kam in dem Aufruf vor, Reagans Politik sei *verbrecherisch*. Das ist die moralische Hitze, die bei uns, den Intellektuellen, so leicht und sachenverzehrend ausbricht. Ich möchte Reagan und seinen hiesigen Kumpeln nicht gönnen, daß sie mit der Selbstbetäubungsformel *Antiamerikanismus* abtun können, was gegen Reagan zu sagen ist. Reagans Hiesige warten nur darauf, alles nach europäischer Selbständigkeit Trachtende als *Antiamerikanismus* etikettieren und dadurch bei der Bevölkerung diffamieren zu können. Die Leute wollen mit Recht nichts Antiamerikanisches. Wer Reagan sagen will, daß er etwas gegen seine Politik hat, tut es besser mit Sätzen aus der *New York Times*. Was Sie als Ihren Nicaragua-Friedensplan anpreisen, Herr Präsident, ist laut *New York Times* »in Wirklichkeit ein Kriegsplan«. »Hysterical Nonsense« hat die *New York Times* diese Reagan-Politik genannt. Das ist der Text für die Transparente der Mai-Demonstrationen. Solang ein Kennedy dort regiert, könnte man meinen, es genügt, wenn wir ein Amerika-Echo bleiben. Sobald ein Reagan loslegt, wird klar: wir müssen selbständig werden. Eine Szene aus dem Reagan-Amerika: April 85, New York, Omnibus-Bahnhof, vierter Stock, Sonntagmorgen. Drei sehr junge, sehr gut genährte Polizisten schlendern den Gang entlang. Manchmal greifen sie nach den an ihren Handgelenken baumelnden Gummiknüppeln und lassen sie wirbeln wie die Parademädchen ihre Stöckchen. Sie gehen zu jedem hin, der auf einem der Sitze an der Gangwand schläft, und schlagen ihm mit den Knüppeln genau und hart gegen das Schienbein. Alle, die da liegend und sitzend schlafen, sind Schwarze. Jedesmal fährt der Schlafende mit einem Schmerzensschrei hoch. Am Ende des Ganges treiben die legeren Polizisten ein Häuflein elender Schwarzer vor sich her, der Treppe zu. Draußen regnet es, die Temperatur liegt bei fünf Grad. Im Fernsehen berichten Junge und Alte über ihren Hunger, ihre Demütigungen. Ein Alter: In den dreißiger Jahren sei es nicht so zum Verzweifeln gewesen. Zwischenschnitt auf den Präsidenten, der diese Ökonomie zu verantworten hat. In einem Ton, den inzwischen kein Regisseur mehr durchließe, sagt er, daß in Amerika, auch wenn nur einer hungerte, dieser eine schon zuviel wäre. Und pokert weiter, verpulvert das Geld für sein Potenzgehabe und hat Erfolg. Nicht nur bei Spekulanten. Ich bin im April 2300 Meilen durch das schöne Amerika gefahren.

Je weiter man hineinkommt ins Land, desto weniger denkt man an den Präsidenten. Oft habe ich den Eindruck, die Leute dort seien dem, was sie als ihre Arbeit tun, überlegen. Ganz unangestrengt wirken sie. Sie wenden sich einem mit soviel Bereitschaft zu, mit einem solchen Überfluß an Freundlichkeit, sie haben etwas übrig für einen, sie sind so wenig erschöpft, so überhaupt nicht hektisch, nervös ... sie sind entspannter als wir. In New York sehen immer mehr Taxifahrer aus wie Nobelpreisträger. Als ich zurückflog vom diesjährigen Amerikaausflug, war ich froh, daß ich den Aufruf nicht unterschrieben hatte. Reagan ist, glaube ich, eine Puppe konservativer Machtmenschen. Daß er Umfrageerfolg hat, zeigt ihnen, daß sie die Fernsehdemokratie im Griff haben. Aber Reagan und seine Regisseure sind nicht Amerika. Sie haben nur die Macht. Mehr nicht. Gegen Reagan kann man demonstrieren, gegen Amerika nicht.

Geschichte als Zeughaus

Obwohl jeder die Geschichte nur benützt, um seine aktuellen Pläne zu fördern, versucht doch jeder, seiner Manipulation das Gesicht höchster Wahrscheinlichkeit aufzuschminken. So wie er sagt, war es, deshalb darf er, muß er jetzt so handeln, wie er handeln will. Die Toten werden noch gebraucht. Reagan hat diesen vitalen Umgang mit der Geschichte auf dem deutschen Boden besser demonstriert als sein deutscher Kollege Kohl. Kohl sollte sich seine Reden in Amerika schreiben lassen. Von Reagans Schreibern. Kohls Sätze an den Gedenkstätten dröhnten vor leerem deutschem Ernst. Reagan hatte sich aus *Reader's Digest* eine amerikanisch-deutsch-humane Eis-Schnee-Ardennen-Weihnachtsgeschichte 1944 aufschreiben lassen, die in jedem Douglas Sirk- und Bing Crosby-Film vorkommen könnte. Und sowas, wo gebetet und geweint wird, kann er natürlich vortragen.

Die Medien haben die Archive mobilisiert, um die Symbol-Zeremonie der Spitzenkräfte mit wirklicher Anschauung zu unterbauen. Normalerweise dreht es mir den Kopf sofort weg, wenn ich unversehens ein furchtbares Bild vorgesetzt bekomme. Ich schaue die Operation am offenliegenden Herzen sowenig an wie die gehäuften Ermordeten in Buchenwald oder Dachau. Der Gedenktag-Effekt bei mir: ich habe mich gezwungen, die Bilder der Toten länger anzuschauen als je zuvor. Reagan hat nobel gesagt, er glaube nicht an eine Kollektivschuld. Aber wir sitzen jetzt da mit diesen Archivbildern im Kopf. Jeder neue Gedenktag bringt einen noch gründlicheren furchtbareren Bilderangriff. Zum ersten Mal sah man gerade noch lebende Lagerinsassen und Umgebrachte auf Farbfilm. Eine dieser Fernsehsendungen lief unter dem Obertitel *Rekonstruktionen*. Je krasser man uns bildlich kommt, desto peinlicher wird der Abstand zwischen dem Symbol-Service und der unvermittelten Wirklichkeit. Der symbolische Umgang mit unserer Geschichte an einem Gedenktag demonstriert aufdringlich, was er uns unterjubeln will. Diesmal hieß die Botschaft: die schlimmsten Verbrechen der Menschheitsgeschichte sind zwischen 33 und 45 von Deutschen begangen worden, weil da eine Diktatur herrschte, und eine Diktatur ist das schlechthin Böse, also rüsten wir uns, daß nie mehr das Böse über das Gute siege. Und das Gute sind jetzt wir, die Demokratie; das Böse ist jetzt drüben, die Diktatur in Moskau. Wie immer hat's am griffigsten der CDU-Generalsekretär formuliert: Gegen Krieg und Diktatur, für Frieden und Freiheit. Kein Wort zur Geschichte dieser Geschichte. Das kann man vielleicht vom amerikanischen Präsidenten nicht verlangen. Aber unsere deutschen Symbolisten und ihre Medien bewegten sich zwischen 33 und 45 wie in einem keimfreien, weltlosen, aus nichts als abstraktem Nazitum bestehenden Labor. Man erinnere sich bitte auch daran, schrieb die konservative Zeitung, daß »die Amerikaner den Deutschen in ihrer Not nach 1945 geholfen hatten, als auf der anderen Seite die Sowjetunion von ihren ›sozialistischen Brüdern‹ noch jahrelang ein Höchstmaß an Reparationen gefordert hat«. Das ist Jubiläums-Klartext. Daß da eine verwüstete Sowjet-Union mit 20 Millionen Toten einem völlig unangestrengten Amerika gegenüberstand, das klammert die tendenzproduktive Gedenktagsoptik einfach aus. Daß die opernhafte Ost-Version der Feiern kein bißchen realitätsnäher ist, entschuldigt uns, die Guten, kein bißchen. Es ist keine Staatskunst, sich heute mit dem Westen zu versöhnen. Das wäre von 1918 bis 1933 eine Staatskunst und die einzig wirkliche Aufgabe gewesen. Heute sich weihevoll zu spreizen und sich dafür zu loben, daß die Kriegervereine keine antifranzösischen Sprüche mehr klopfen, ist sowenig

Leistung wie der Händedruck eines amerikanischen und eines deutschen Generals auf dem Bitburger Friedhof. Wenn sie einen Sowjetgeneral hätten engagieren können, das wäre eine des Gedenktags würdige Leistung gewesen. Auch wenn dem wenig Wirklichkeit entspräche. Aber dann hätte das Symbol wenigstens einen Sinn: es enthielte ein Soll, eine Mahnung, eine Aufgabe. Eine Schülerin aus Wolfsburg überreichte auf Schloß Hambach dem amerikanischen Präsidenten ein Paddel, auf dem geschrieben steht, der Präsident möge unser Schiff in den Hafen des Friedens steuern, und zwar »durch Schüleraustausch mit sowjetischen, amerikanischen und unseren Familien«. In all dem Symbol-Leerlauf der Repräsentanten und der ihnen anspruchslos zuarbeitenden Medien hat dieses Mädchen als einzige dem Symbol eine Leistung abverlangt. Wenn den Symbolikern das Grauen des Jahres 45 ein Grauen wäre, hätten sie es nicht nur zur Stimmungsmache für ihren Rüstungswahn benutzt. Es könnte einem zu 1945 ja auch etwas Friedliches einfallen.

Beobachtete Frauenbewegung

Der Mann liest *BILD*, die Frau wartet. Wenn er alles gelesen hat, gibt er ihr die Zeitung. Jetzt darf sie. Sie nimmt die Zeitung und gibt ihm, bevor sie zu lesen beginnt, ein Tempotaschentuch, daß er sich die Finger, die sich mit dieser Zeitung der Leser schmutzig macht, sauberwischen kann. Mir fiel der ein, der beim Einsteigen seine Frau angeschrien hatte: Ja, geh, such 'n Platz. Dann hatte aber doch er einen gefunden und genauso laut gerufen: Mutti, komm. Die Frau hatte zwar auch einen Platz gefunden, kam aber sofort zu ihrem Mann. Mir fiel das Frühstückszimmer ein. Ein junges braungebranntes Paar hatte sich gerade vor ein strotzendes fränkisches Frühstück gesetzt, da sagte die Frau: Hast du deine Tabletten? Ach, die hat er jetzt tatsächlich im Zimmer droben vergessen. Schon war die Frau aufgesprungen, rannte mit Ich-hol-sie hinaus. Es war ein Hotel ohne Fahrstuhl. Da fiel mir natürlich der kettenrauchende arbeitslose Hilfsarbeiter in der Bonner Bierkneipe ein, der seine Frau dreimal durchs Schneetreiben heimschickte, daß sie ihm etwas aus der und der Schublade hole, was er hier am Tresen für sein Wohlergehen brauchte. Sie ging auch dreimal wirklich gern. Daß er sie brauchte, schien sie zu befriedigen. Sportlich begabt, sagte ein Reisender im Speisewagen in seinen eigenen Redestrom hinein, als die Bedienung, die beide Hände voll hatte, mit einem Fuß die Tür hinter sich zustieß, um die Nichtraucherhälfte des Speisewagens vor der Raucherluft der anderen Hälfte zu schützen. Der Mann saß so, daß er der Bedienung mit einer Handbewegung ihren Balanceakt hätte ersparen können. Dann steigt man aus und muß gleich an einer auf Beton kauernden Frau vorbei, die einen Karton an ihre Knie gelehnt hat, und auf dem Karton steht: *Ich bin eine arme Frau.*

Das ist, auch wenn es erfunden wäre, ein Einfall, der die Spende zum Honorar macht.

Es ist manchmal peinlich, der roheren Hälfte der Menschheit anzugehören. Das einzige, was unser Humandefizit ein wenig erklärt: wir hatten die Macht, und Macht verdirbt. Sie würde, sollten die Frauen an die Macht kommen, sogar die Frauen verderben.

Ein Kollege kam mit seiner Frau an unseren Tisch und sagte: Darf ich vorstellen, meine zukünftige Witwe. Die etwa fünfundachtzigjährige wirkliche Witwe eines fast weltberühmten Kollegen, die selber eine ebenfalls hochberühmte Schauspielerin gewesen ist, klagte einen Abend lang darüber, daß es keine Moral mehr gebe, nichts Schönes und Gutes mehr, einfach keine heile Welt mehr. Sie sei so froh, daß ihr Mann nicht mehr erleben müsse, wie es heute zugehe, wo er doch so empfindlich war in Fragen des Anstands, der Moral. Es wurde im Lauf des Gesprächs immer deutlicher, glaubhafter, daß sie lieber unter dem Verlust ihres Mannes litt, als daß der unter für ihn schwer erträglichen Sittlichkeitsentwicklungen leiden sollte.

Kamen wir zur Macht, weil wir roher waren, oder wurden wir roher, weil wir zur Macht kamen? Es gibt sogar in der feinsinnigsten Literatur rein rohe Sätze von Männern über Frauen. Wenn es die entsprechenden Sätze von Frauen über Männer gäbe oder geben sollte, so wären sie doch weniger gemein, weil sie mit weniger gesellschaftlicher Macht ausgestattet wären. Kraß gesagt: wenn der Täter auch noch formuliert, was er tut, hört es sich gemeiner an, als wenn das Opfer seinen Wortlaut preisgibt. Die Frauenbewegung will uns offenbar aus der Rolle, die uns vor allem panzert, befreien. Wir sehen unserer Menschwerdung entgegen. In der Fußgängerzone stand einer, den sein Plakattext zum Avantgardisten machte: *Ein Mensch, der in Not geraten ist, bittet um Unterstützung.* Ein Mann in Not wird unwillkürlich zum Menschen.

Die raffinierte Hilflosigkeit unseres Wirtschaftssystems kann wahrscheinlich nur noch von den Frauen zu etwas Besserem gemacht werden. Die Arbeiter haben es nicht ganz geschafft.

Was die Frauenbewegung hoffnungsreicher aussehen läßt als die Arbeiterbewegung: sie wird von den Frauen selber gemacht.

Hoffnungsloser Vorschlag

Wie es einem bei uns geht, das habe er selber in der Hand, heißt es. Unsere Gerechtigkeitsgöttin heißt *Leistungsprinzip*. Täglich warte ich darauf, daß Vierzehn- bis Vierunddreißigjährige sich zusammentun und ihre Erfahrung mit diesem Prinzip veröffentlichen. Für 7 Volontärstellen einer mittelgroßen Zeitung stehen 600 Bewerber an. Von 300 Bewerbern um eine Assistentenstelle können 6 angenommen werden. Von 83 Bewerbern um einen Studienplatz an einer Musikhochschule (Fach Orgel) können 3 zugelassen werden. Immer öfter diese Zahlengewalt. Den Prüfenden zieht es die Seele zusammen. Ist es die Leistung, die den Ausschlag gibt? Sind von 83 wirklich 3 besser als alle anderen? Oder hat sich der Sinn verkehrt? Mir scheint, geprüft werde jetzt nicht mehr, um die Geeigneten zu finden, sondern nur noch, um die sogenannte erdrückende Mehrheit auszuschließen, und zwar so auszuschließen, daß die Ausgeschlossenen sich das Ausgeschlossenwerden selber vorzuwerfen haben. Und da beginnt die gesellschaftliche Gemeinheit. Prüfungen sollten ehedem dafür gut sein, daß der, der dich operiert, den Blinddarm nicht für die Gallenblase hält. Jetzt ist die Prüfung also ein Ausschließungsverfahren, das den Skandal, daß man nicht gebraucht wird, einem selbst in die Schuhe schiebt. Im Moralischen nennt man solche Verkehrungen Perversion. Neulich haben sich in Aachen vier Jugendliche miteinander umgebracht. Sie wollten nicht länger der No-future-Generation angehören. Sollten wir nicht zugeben, daß bei den jetzt geübten Ausleseverfahren die Leistung nicht mehr ausschlaggebend ist? Das Glücksprinzip regiert deine Chancen. Wenn wir das zugäben, dann müßte sich die sogenannte erdrückende Mehrheit nicht auch noch den Vorwurf machen, durchgefallen zu sein, nicht gut genug zu sein, nicht in Frage zu kommen ... Wie oft erträgt man denn das, zu den 593 von 600, den 294 von 300 oder zu den 80 von 83 zu gehören, die zurückgewiesen werden? Das knickt einen doch allmählich. Ich höre immer öfter von Prüfenden, daß sie diese Schicksalbeschädigungspraxis nur schwer ertragen. Ihnen wird zugemutet, das gesellschaftliche Nein in eine Form zu kleiden, bei der die Gesellschaft aus dem Schneider ist. Deshalb mein Vorschlag: von Anfang an in der Schule keine Noten mehr. Und sobald man sich irgendwo bewerben muß: Lotterie. Pech beim Glücksspiel erträgt man leichter als den wiederholten Vorwurf, zu der nicht in Frage kommenden Mehrzahl zu gehören. Ich weiß, der Vorschlag hat keine Aussicht, ernstgenommen zu werden. Das Leistungsprinzip ist unsere heiligste Kuh. Noch mehr Pflege der Elite-Illusion, das ist die konservative Antwort auf die furchtbare Aussichtslosigkeit der Jüngeren. Wenn unsere Auslesegerechtigkeit schon keine mehr sein kann, dann wollen wir wenigstens den Schein wahren. Also warten wir halt ab, bis die Betroffenen den Schein, dem sie geopfert werden sollen, zerreißen und der Praxis ihre Willkür ins Gesicht sagen. Wie gnädig ist die Lotterie gegen die auf Gerechtigkeit geschminkte Willkür. Beim 15. Internationalen Malwettbewerb zum Thema »Wirtschaft – wie funktioniert das?« hat eine Sechzehnjährige den Monitor eines Computerspiels gezeichnet, dazu Jugendliche vor dem geschlossenen Arbeitsamt. Der Computer meldet den Jugendlichen: »Game over – Level 1985«. Das ist Spitze.

Meinungen über Meinungen

Vielleicht gibt es welche, die sich gern unterscheiden, mir ist es wohler, wenn ich sehe, daß ich wie andere bin. Manchmal denke ich daran, Umfrage-Instituten den Vorschlag zu machen, sie sollten ihre Fragebögen, statt an tausend Leute, einfach mir schicken, ich würde sie ausfüllen, ich könnte dafür garantieren, daß das Ergebnis vollkommen repräsentativ wäre. Ich teile so ziemlich alle landläufigen Meinungen. Und zwar in einem mich manchmal selber erschreckenden Ausmaß. Ich bin gegen den täglichen Meinungsbefall überhaupt nicht resistent. Man kann doch über eine Sache wirklich verschiedener Meinung sein. Das ist ja das Grundgesetz aller Demokratie. Es wird nur zu selten ausgedrückt, daß es, um verschiedener Meinung zu sein, nicht mehrerer Personen bedarf. Ich bin schon selber eine Demokratie. Jeder ist eine. Höchstens Autokraten, Diktatoren, Machtmenschen haben zu allem nur einerlei Meinung, nämlich ihre eigene. Natürlich sage ich in Gesprächen von den eingedrungenen Meinungen nur die wieder auf, die zu dem Bild passen, das die Leute, mit denen ich spreche, von mir haben. Ich bin der Meinung, damit sei ich repräsentativ, weil die meisten Leute über eine Sache mehrere Meinungen haben und jeweils die auswählen, die da, wo sie sprechen, hinpassen. Man geht ja auch nicht in Lederhosen in die Oper. Meinungen, die als reaktionär gelten, finde ich in mir genauso vor wie revolutionäre. Das Meinungsspektrum, das heute Mitteleuropa beherrscht, ist in mir komplett vorhanden. Conrad Ferdinand Meyer hat formuliert, daß man so sein darf: *ein Mensch mit seinem Widerspruch*. Oder ist es charakterlos, für den Sozialismus UND für den westlichen Weg zur Demokratie zu sein? Zweifellos ist der Kapitalismus eine langwierige Umleitung auf dem

Weg zur Demokratie. Aber die östliche Direttissima, die bis jetzt nur religiös verbrämte Bürokratien produziert, ist abschreckender. Ich bin also *für* uns und *gegen* uns. Ich glaube, auch damit gehöre ich zur Mehrheit. Leute, die *nur* für uns sind, sind eher für sich als für uns. Und wer ist denn heute nicht konservativ UND fortschrittlich? Ich finde die Kampagnen der Konservativen gegen die erleichterte Abtreibung scheinheilig und bin dagegen, daß wir aussterben. Fremdenfeindlichkeit ist mir nicht fremd. Und ich habe jedem Gastarbeiter gegenüber das Gefühl, ich sei an seiner Deplazierung mitschuld. Das finstere Komplott zwischen verschreibungssüchtigen Ärzten und einer bedenkenlos drauflosproduzierenden Pharma-Industrie wurde mir auch erst verdächtig, als es allen verdächtig wurde. Und ohne gewisse Mittel möchte ich wirklich nicht sein. Die Wälder tun mir wahnsinnig leid. Und Tempo 100 werde ich nur nach harten Bestrafungen erlernen. Daß sich die Kirche politisch in den Alltag mischt, finde ich peinlich. Und wie schön ist das Ave-Läuten um sechs. Kann etwas grotesker sein als ein Schlesiertreffen, auf dem die Hoffnung gepflegt wird, die alte Heimat sei noch nicht verloren? Und kann etwas verständlicher sein? Ich bin natürlich Raucher UND Nichtraucher. Manchmal muß ich in diesen, manchmal in jenen Abteilen reisen. Es wäre mir unerträglich, mich entweder für einen Raucher oder für einen Nichtraucher halten zu müssen. Ich zahle die Kirchensteuer. Und ich gehe nicht in die Kirche. Ich bin gegen Tiertötung, und Steaks und Fische brauche ich auch. Von unserem gerade weltberühmt gewordenen siebzehnjährigen Tenniswunder Boris Becker sagt sein Trainer Bosch: »Boris ist ein unwahrscheinlicher Patriot, er ist in erster Linie Deutscher.« Und gleichzeitig wird gemeldet, seit einem halben Jahr sei Becker aus Steuergründen Bürger Monacos. Undsoweiter. Wenn es sich um Politik handelt, kann unsere pluralistische Existenz auch peinlich wirken. Ich komme mit Leuten aus, die radikal gegen Franz Josef Strauß sind, aber ich komme genauso gut aus mit Straußanhängern. Ich finde, Straußanhänger und Straußgegner seien einander sehr ähnlich. Mir selber fällt nichts leichter, als für und gegen Strauß zu sein. Wie es mir wirklich zumute ist, das kommt in den Meinungen kaum zum Ausdruck. Ich habe einmal, vom schlechten Gewissen gedrängt, ausgearbeitet, daß ich selber zu wenig vorkomme in den Meinungen, die ich vertreten habe. Ein hochempfindlicher und tiefgescheiter Bekannter von mir hat mich deswegen heftig beschimpft. Ich hätte weiterhin ein blankes linkes Schild zeigen sollen. Skrupel gibt man nicht zu. Oder darf man gar keine haben? Ich bin inzwischen nur noch gegen Mächtige, ob Geld-, Kirchen- oder Staatsmächtige, ist mir egal. Das ist meine letzte Meinung. Für die könnte ich mich zur Zeit ereifern. Jetzt aber das Wichtigste: sobald ich eine Meinung heftig vertrete, mobilisiere ich damit in mir auch ihr Gegenteil. Nur, das Gegenteil verschweige ich, muß ich verschweigen. Sonst hätte ich ja nachher so gut wie nichts gesagt. Und das geht doch nicht. Brecht hat von den Begriffen gesagt: »... jeder ist mit seinem Gegensatz verheiratet ...«, zwei einander bekämpfende Begriffe treten also als Paar auf, »und zwar als völlig unter sich zerstrittenes, in jeder Sache uneiniges Paar!« Der Philosoph, der das zuerst erlebt hat, kann es wesentlicher sagen: etwas sei nicht nur etwas, sagt er, sondern »ebenso ... ein Anderes«. Und gleich darf sich die innerste Uneinigkeit ein bißchen abgesegnet vorkommen. Hegel sei Dank. Und seit eh und je heißt es, wenn etwas nicht zusammenpasse, ergebe sich Humor.

Urlaub von der Geschichte

Um der sowieso unfaßlichen Zeit einen Spiegel hinzuhalten, in dem man sie dann sehen könnte, vergleiche ich das Jahr mit einem Tag, die 12 Monate mit 24 Stunden, dann wären wir also im August schon im Nachmittag. Da sollte man eher ruhen. Es gibt Leute, die bringen es fertig, eine Weile lang nichts zu tun. Sie sind all denen voraus, die es ohne Tätigkeit nicht aushalten. Der freiwillige Arbeitslose, das ist die Zukunft, an der die nicht mehr teilnehmen können, die vom ersten Augenaufschlag an darauf gedrillt wurden, tätig zu sein. Sobald unsereiner nichts tut, regt sich das sogenannte schlechte Gewissen wie eine Säure. Man rutscht hinunter in die Hölle, in der Untätigkeit Faulheit heißt. Wahrscheinlich ist es in Europa jetzt halbwegs erträglich, weil wir tausend Jahre lang abgerichtet wurden, uns nur durch Arbeit gerechtfertigt zu fühlen. Das Nichtstun wurde zu einer Sünde. Jetzt sollten wir uns die Zeit mit dieser Sünde vertreiben. Ich werde das nicht lernen. Mein Innenleben ist offenbar nicht reich genug. Wie bewundere ich eine Frau, die allein im Zug sitzt, in Fahrtrichtung schaut und lächelt, als befinde sie sich mit jemandem in einer angenehmen Unterhaltung, als sage sie Freundliches und höre nicht minder Freundliches von ihrem Gesprächspartner. Wahrscheinlich fährt sie zu Enkeln. Sie hat weder Buch noch Zeitung. Zu mir sagt der Schaffner: In Singen umsteigen. Zu ihr sagt er: Sitzen bleiben. Also fährt sie vielleicht bis Stuttgart. Und braucht nichts zum Lesen. An ihr sehe ich, wie unfähig ich bin, es mit mir allein auszuhalten. Ich muß mich andauernd mit irgend etwas subventionieren, ablenken, täuschen. Diese Frau ist kein bißchen ungeduldig. Sie ist zeitlos. Ohne Tendenz. Sie kann leben, ohne etwas zu tun. Mir kommt das vor wie Genialität oder Glück. Sie hält es einfach aus mit sich. Ohne weiteres.

Einmal sagte jemand, als wir einen bemerkenswerten Himmel anschauten, das da sei eine Wolke wie aus dem 18. Jahrhundert. Sofort zeigte ein anderer auf eine Wolke, die nicht so rein weiß und stukkatorisch im Blau stand, sondern eher schmerzlich eingefärbt war: die ist von 1830. Das waren eng Verwandte. Sogar Wolken sind von Geschichte versehrt. Wer auf alles reagieren muß, ist wie ein Schwimmer, der unterginge, wenn er sich einen Augenblick lang nicht rührte, nicht wehrte. Daß das Reisen, dieses andauernde Reagierenmüssen, unser Wesen erschöpft, merkt man, wenn man sich am Ende einer Reise vorstellt, man müsse mit dem nächsten Zug zu einer neuen Reise aufbrechen. So eine in sich ruhende, freundlich ausschauende Frau könnte, glaubt man, endlos reisen. Natürlich muß so eine in sich Ruhende die Beine nicht übereinanderlegen. Die, die es nur mit überkreuzten Beinen aushalten, die gehören zu mir. Die brauchen den Stau, den Widerstand, den Krampf. Sie brauchen die stockende Stelle, um sich zu spüren. Wäre immer jemand da, der einen streichelte, müßte keiner die Beine übereinanderschlagen, klar. Dann müßte man ja auch nicht tätig sein, um zu erfahren, daß man noch lebt. Von zwei bis vier dauert im Tagesspiegel der August, dieser Nachmittagsmonat. Höchste Zeit für ein bißchen Zeitlosigkeit. Die auf allen Seiten bis auf die Erde reichenden Wolken machen aus dem See einen Saal. So schön war noch kein Barock. Um Urlaub von aller Geschichte bittend, schau ich noch einmal hin und sehe: Die Büsche hängen in den See, als tränken sie aus ihm. Das müßte genügen. Du möchtest dich aber über einen Brunnen beugen und trinken aus deinem Gesicht. Dein Durst hat einen Zeugen, den bestichst du nicht.

Die Natur der Toleranz

Wenn man in einer eher schönen Gegend wohnt, bringt einem der Sommer Leute ins Haus, die man zwar nicht eingeladen, aber auch nicht deutlich genug abgehalten hat. Ohnehin befördert der Sommer Kontaktillusionen. Schon dadurch, daß man mit solchen Pseudogästen nicht im Nähe verursachenden Zimmer, sondern luftig im Freien sitzen kann. Oft genug stellt sich das als Glück heraus. Da kommt einer, der dir bisher nur Unangenehmes zugefügt hat, du wunderst dich, daß der überhaupt die Stirn hat, auch noch persönlich aufzukreuzen, einzudringen. Natürlich bringt er auch gleich noch seine Frau mit. Oh du schöne Gegend! Und dann sind die nicht unangenehm, sondern nett, sogar liebenswürdig. Wenn sie gehen, fehlt einem was. Das zwingt mich dazu, über die Natur der bzw. meiner Toleranz nachzudenken. Dieser Besucher hat sich ja jahrelang schriftlich immer so ausgedrückt, daß du, wenn du auch nur noch einen Rest von Selbstgefühl retten wolltest, dich förmlich panzern mußtest gegen ihn. Entweder hatte er recht oder du. Entweder war er gerechtfertigt oder du. Und da man von Natur aus gezwungen ist, sich selber zu erhalten, blieb einem nichts anderes übrig, als zu versuchen, ihn ins Unrecht zu setzen. Und der widerruft auch nicht, wenn er jetzt dein *Gast* ist. Man spricht mit einander überhaupt nicht jene Sprache, in der es um Behauptung und Selbstbehauptung ging. Natürlich kannst du nicht vergessen, was er dir *angetan* hat. Aber du kannst es auch nicht mehr empfinden. Es tut überhaupt nicht mehr weh. Und das muß mit der Erscheinung dieses Mannes und mit dieser Frau zu tun haben. Sie sehen gut aus. Man könnte sagen, sie seien schön. Beide. Und das ist es auch schon. Deshalb kann ich nichts aufrechterhalten aus den Jahren des schriftlich abstrakten Gegeneinanders. Die leibhaftige Gegenwart der beiden verweist alles nur Gedachte ins Unwirksame. Und das passiert mir nicht zum ersten Mal. Und die Gegner mußten auch nicht immer *schön* sein, um mich, sobald sie leibhaftig auftauchten, für sich einzunehmen. Sie mußten nur leibhaftig auftauchen, sich aufführen, wie sie waren – und schon wurden sie unwiderlegbar.

Als ich jetzt zuschaute, wie nach Bölls Tod in reiner Trauererregung dadurch Konfrontationen entstanden, daß jeder ausdrücken wollte, welcher Böll ihm gestorben sei, kamen mir diese Standpunktdemonstrationen auch ein wenig zu lebhaft vor, weil ja dieser einzige Böll es allen diesen einander ausschließenden Verfechtern recht gemacht haben mußte. Es war ja nicht nur vereinnahmende Willkür am Werk, sondern dieser ganz und gar lautere und sicher sehr trennscharfe Böll hatte Umgang mit solchen *und* mit solchen. Vor allem Umgang! Schriftlich sind sie eben doch schwer auszuhalten, die Zeitgenossen. Was sie schreiben, ist, verglichen mit ihnen selber, eine Verzerrung. Was wir da loslösen von uns und es ausstatten nur nach Maßgabe dessen, was eben schreibüblich ist, das sind bei weitem nicht wir selber. Das ist nur jener Schriftführer in uns. Persönlich hält es doch keiner länger als fünf Minuten auf einem Standpunkt aus. Dann muß er, will er leben, runter von seinem Standpunkt, ein frisches Hemd anziehen, ein Viertel Meursault trinken, sich duschen, den Traum der letzten Nacht zu erwischen suchen, seine Aufmerksamkeit abdunkeln gegenüber einem unerträglich brutalen Libanonfakt undsoweiter. Oder ist das nur der Sommer, das Freiluftbewußtsein? Regiert uns im Herbst wieder die Lupenreinheit des persönlichen Standpunkts? Bin ich im Herbst wieder feindschaftsfähig? Nehme ich dann wieder meinen Standpunkt ein, der andere Standpunkte ausschließt? Auf Standpunkten wächst doch kein Gras. Standpunkte sind unfruchtbar. Auf Standpunkten gedeihen Meinungen, sonst nichts. Natürlich ist jeder parteilich, aber doch nicht mit Fleiß. Man kann das ganz positiv so ausdrücken: der einzige Unterschied zwischen dem Innenminister Zimmermann und dem Künstler Achternbusch ist, daß sie beide Bayern sind.

Aussichtsloser Fluchtversuch

Als ich neulich in einer unserer ehrgeizigen Großstädte unter lauter hochgestellten Spezialisten saß und der Rede eines Ministers zuhörte, merkte ich, daß ich nach etwa einer Viertelstunde überhaupt nicht mehr zuhören konnte, weil ich nur noch neugierig war, welche Verbindungen er das Wort *Kultur* noch eingehen lassen würde. Die Rede wurde in einem hellen, wohlgelüfteten Hotelsaal gehalten und handelte von der *Kulturpolitik*. Weil diese Wortverbindung am häufigsten vorkam, wurde daraus sehr schnell Kulturplik. Unbeschädigt blieben Kulturetat, Kulturdezernat, Kulturbegriff, Kulturleben (freiheitliches), Kulturform und Kulturstaat (demokratischer). Die zweithäufigste Wortverbindung war *Kulturnation*. Das ist eine Vokabularessenz, die über die hoffnunglos reale deutsche Gespaltenheit geträufelt wird, damit die uns nicht schmerze. Statt etwas Wirkliches sollen wir eine Kulturnation sein. Da inzwischen offenbar alle wissen, was das ist, tu' ich, als wüßt' ich's auch. (Neulich verwendete einer für den unmöglichen deutschen Zustand das Wort *Geschichtsnation*. Offenbar auch aus dem Betäubungsvokabular.) Nun wollte dort im Ministermund eines der Doppelwörter weiterwachsen: Aus Kulturstaat wurde Kulturstaatsgebot. Und das Eigenschaftswort holte weitere Hauptwörter heran: kulturelle Leistungen, kulturelle Verantwortung, kulturelle Einheit... bis zur kulturellen Identität Europas; und schließlich, der Gipfel: die kulturelle Hauptstadt. Immer für ein Jahr soll eine Stadt das spielen dürfen: zuerst natürlich Athen, dann Florenz, dann Amsterdam, dann Berlin(West). Das hängt zusammen mit der »kulturellen Wiederbesinnung Europas«. Aus den anschließenden Gesprächen der Persönlichkeiten rundum wurde klar, daß wir Zeuge einer großen

Rede, einer neue Richtungen weisenden Rede gewesen waren. Alle hatten Denkanstöße verspürt. Ich hatte, weil ich nur wie ein Computer zugehört und Vokabular sortiert hatte, überhaupt nichts mitgekriegt. Meine Stimmung schwankte, während ich sortierte, zwischen Verzweiflung und Sehnsucht. Was blieb, war die Sehnsucht, in einem Zeitalter gelebt zu haben, in dem es noch keine Kulturpolitik gegeben hat. Nichts außer Zahnarzt kann so wehtun wie ein Vokabular. Vokabular ist eine starre oder biegsame Plastiksprache, an der die Wirklichkeit abläuft wie der Regen an der Gummihaut. Ich beneidete die Persönlichkeiten rundherum um ihre Feinfühligkeit. Was für mich Plastiksprache war, war für sie voll von blühend neuem Sinn. Und wenn ich nichts verstehe, werde ich unruhig und schaue nur noch, ob der Redner wenigstens eine Krawatte anhat, die ich gern anschaue. Meistens entspricht die Krawatte dem Vokabular. Meine Unduldsamkeit, für die ich mich erst sehr viel später geniere, gerinnt zu der irrsinnigen Forderung: nur noch Wörter, die etwas mitteilen von dem, der sie verwendet! Das geht ja nicht. Das wäre ein Redeverbot für ... Nichts gegen diesen Minister. Der ist ja lieb. Der schwitzt ja. Muß gleich wieder fort. Hat auch diese Rede nur vorgetragen, geschrieben hat sie, flüstert man rundum, X. Y., eine hierzulande außerordentliche Persönlichkeit. Aber was will ich denn! Das ist Repräsentanten-Sprache. Sprach-Koma. Aus.

Ich habe in diesem enormen Großstadthotel auch noch übernachtet. Als ich im Bett lag, merkte ich, daß Wände und Decke zum Teil mit alten wurmstichigen Brettern benagelt sind, und die Bretter sind für den Hotelzweck mit Bauernmotiven und -farben bemalt, nicht grad Herz Jesu, aber fast. Klar, das entspricht einem Kulturstaatsgebot. Am nächsten Morgen serviert mir der österreichische Rundfunk eine Nachricht von der *Landeskulturreferentenkonferenz*. Ein paar Tage hielt diese Kulturempfindlichkeit an. Ich litt sozusagen an einer Vokabularentzündung. Mir waren plötzlich alle Wörter peinlich, die ich nicht direkt verstand. Selbst unsere Monatsnamen wurden mir auf einmal ganz fremd. Was sagt mir September, was Oktober, November? Und unversehens landet man bei den Lächerlichen (oder nur lächerlich Gemachten?), die am Anfang des Jahrhunderts alles ganz deutsch haben wollten. Mitten in einem Sütterlin-Anfall ist man. Das heißt, man wünscht sich in etwas Grünes, Bewahrtes, Ungeschwächtes, in dem das selbstverständlich Heile von allen Blättern tropft und trieft und trachtet. Was man ißt, wäre durch und durch das, was es zu sein scheint. Was man sagt, wäre der reine klare Laut, verständlich bis in die Wurzel ... Eigentlich wünscht man sich Eigentlichkeit. Adorno zum Trotz. In eine Zöllner Rousseau- und Jean-Jacques-Welt möchte man offenbar abhauen. Aber da gerate ich schon in den Hagel des nächsten Vokabulars: »... das Naturschöne ist die Spur des Nichtidentischen an den Dingen im Bann universaler Identität«, sagt, sein Uneigentlichkeits-Vokabular wie das Feuerschwert schwingend, also erzengelhaft, kein anderer als Adorno. An dem führt kein Weg vorbei. Die Ausgänge sind besetzt von lauter solchen. Wir entkommen den Vokabularen nicht. Das Hotel heißt Babylon. Zum Glück fehlt es uns an nichts. Es gibt ja nichts, was wir nicht nachmachen können. Für Bewegung ist auch gesorgt. Täglich Freiübungen. Sie heißen hier: Reflexionen.

Ohnmachtsphantasien

Das Gegenteil kennt man besser. Sie sagen sich auch leichter hin, die Machtphantasien. Imponiergehabe, Auftrumpferei, Angabe und Anmaßung sind das A und O unseres Wortschatzes. Die in die Sprache eingebaute Moral will uns zwar weismachen, Angeben und Auftrumpfen sei nichts Gutes. Feiner sei es, bescheiden zu sein. Understatement ist Trumpf. Besonders wenn jeder weiß, daß es eins ist. Als sich herausstellte, daß immer mehr Leute mit etwas auftrumpfen können, mußte sich ja bei den Schlaueren das Auftrumpfen per Untertreibung entwickeln. Die einzige Kultur, in der eine ernstzunehmende Selbstunterschätzung zum guten Ton gehört, ist, nach meiner bisherigen Erfahrung, die japanische. Als ich einmal acht Tage lang mit japanischen Wissenschaftlern, Frauen und Männern, in einem Berghotel in Japan zusammen war, war ich schon mehr erschrocken als erstaunt, als jeder, der das Wort ergriff, zuerst bekannte, daß niemand so wenig geeignet sein könne wie er, das Thema zu behandeln, das er jetzt behandeln werde. Und ihre Sprachkultur stellt ihnen offenbar üppigste Wortschätze zur Verfügung, damit sie halbwegs andeuten können, wie bescheiden sie sind. Ich vermute, ihre Selbstherabsetzungsformeln seien auf schwer verständliche Weise weniger formelhaft als das westliche understatement. Hikaru Tsuje, Germanist aus Tokio, sagte, als er anno 82 zum 150. Geburtstag Goethes in Weimar sprach, dreimal, er »zittere«, weil er hier sprechen müsse; aber er sagte extra dazu, daß er nicht der Fremdsprache wegen zittere (die er vollkommen beherrschte), sondern weil er ein »schlechter Redner« sei: »der ich tatsächlich auch in meiner Muttersprache bin.« Und hielt eine ausgezeichnete Rede. Und diese Weltmeister in der Selbstverkleinerung sind gerade dabei, die Welt ein bißchen zu erobern. In Amerika muß man, wenn man öffentlich spricht, Witze machen, zumindest am Anfang. Selbst die, die solche Pflichtwitze über sich selbst machen, schimmern dabei vor Selbstzufriedenheit. Und doch ist es sympathisch, wenn, wer auftritt, sich nicht ernst nimmt. Oder doch so tut. Man müßte eine Kultur entwickeln, die jeden, der Macht hat, sittlich, also rituell, dazu verpflichtet, sich, wann immer er auftritt, selber zuerst radikal herunterzumachen. Ein Selbstbeschimpfungsritual für Chefs, das wäre meine Traumkultur. Egal, ob sie morgens als Abteilungsleiter im Zimmer oder als Besitzer in der Werkhalle oder als Professor im Labor erscheinen: zuerst sollten sie sich selber heruntermachen müssen. Aber statt dessen haben wir Hinaufschielrituale, Bücklingsballette, Ergebenheitszeremonien, Heuchelorgien und Lächeln beim Allesschlucken. Wenn man nach einem Theaterabend noch mit Schauspielerinnen oder Schauspielern in eine Wirtschaft geht, erlebt man einen faszinierenden Sturz (vorausgesetzt, es handle sich nicht um solche, die durch Startum gefühllos geworden sind): auf der Bühne haben sie gerade die Würde der Ohnmacht gegen die nicht zu behebende Würdelosigkeit der Macht dargestellt. Davon handelt jedes Stück. Verlierend gewinnt man dort. Dort siegt Ohnmacht. In der Wirtschaft hocken wir dann ohne Paradies und Paradox in einer Wirklichkeit, in der es schwerfällt, als Machtloser halbwegs gesund über die Runden zu kommen. Die Schauspieler, die gerade auf dem Ausnahmeboden der Bühne so toll waren, als sie die Verblendung durch Herrschen und die Blickschärfe der Ohnmacht spielten, jetzt am Tisch sind sie so faszinierend uninteressant wie wir selbst. Jeder ein Inbild der Ohnmacht. Kein bißchen Aura mehr. So bloß und verletzbar wie das Leben selbst. Denn das Leben hat keine Macht. Die hat eher der Tod.

Die hier versammelten Texte wurden von September 1983 bis Oktober 1985 für die *Weltwoche*, Zürich, geschrieben und zum größeren Teil auch im *Rheinischen Merkur*, Bonn, veröffentlicht.

edition suhrkamp. Neue Folge